MARIE MIGNOT,

COMÉDIE HISTORIQUE, MÊLÉE DE COUPLETS, EN TROIS ÉPOQUES,

PAR

MM. BAYARD ET PAUL DUPORT;

Représentée pour la première fois, à Paris, sur le théâtre du Vaudeville, le 17 octobre 1829.

DISTRIBUTION DE LA PIÈCE :

Marie MIGNOT, nièce de Mignot........... Mme Dussert.
LAGARDIE............................ M. Volnys.
MIGNOT, traiteur..................... M. Bernard-Léon.
MARION DELORME..................... Mlle Brohan.
NACQUART, procureur................. M. Derouvère.
Le maréchal DE L'HOPITAL.............. M. Fontenay.
CASIMIR, de Pologne.................. M. Lepeintre aîné.
GASTON, secrétaire-copiste du maréchal, et se-
   crétaire de Casimir.................. M. Alvarez.
MARIE, fille de Mignot................. Mlle Olivier.
Un Valet........................... M. Jules.

PREMIÈRE ÉPOQUE.

Le théâtre représente une arrière-salle du cabaret de Mignot, éclairée dans le fond sur la boutique. — A droite, une table de blanchisseuse.

SCÈNE I.

MARIE, Blanchisseuses*.

(Au lever du rideau, elles sont occupées à placer du linge dans des corbeilles.)

CHOEUR.

Air de la Fiancée.

Hâtez-vous, mesdemoiselles ;
Ces plis et cette blancheur,
Près des marquis et des belles,
Doivent nous mettre en faveur...

MARIE.

Oui, mesdemoiselles, dépêchons-nous ; vous êtes en retard, et cela doit impatienter les pratiques qui attendent leur linge, sur-tout celles qui n'en ont pas assez pour attendre... La reine d'Angleterre, par exemple... pauvre femme ! j'ai été l'autre jour chez elle : pas de feu, pas de bois !... ça fend le cœur ; la fille d'Henri IV ! vous lui ferez crédit, entendez-vous ?... Je ne suis que Marie Mignot, la nièce d'un cuisinier... une blanchisseuse... mais je fais plus pour elle que le Mazarin !... (A une autre.) Pas de faux plis, donc ; c'est la robe de Marion Delorme ; elle est si difficile !... elle sur-tout qui a exercé...

Air du Piége.

Marion, avant ses beaux jours,
Travaillait pour les blanchisseuses...
Et ces pratiques-là toujours
Sont difficiles et grondeuses.
Jamais on ne peut bien servir
Ces dames qui furent des nôtres
Lorsque, plutôt que d'donner à blanchir,
Elles blanchissaient pour les autres.

Et sur-tout pas de crédit à Marion !... N'oubliez pas la toilette de noce de mademoiselle d'Aubigné... ou de madame Scarron, comme vous voudrez... Dieu ! être si jolie, et épouser un mari aussi laid ! et ça, parcequ'il est le malade de la reine ! Faut-il avoir de l'ambition !... J'en ai aussi, moi, mais ça ne va pas jusque là ! C'est bon, voilà tout fini ; partez ! mais sur-tout beaucoup de soins... Dans notre état, il

___

* Les personnages sont placés en tête de chaque scène, comme ils doivent l'être au théâtre. — Toutes les indications sont prises à la droite de l'acteur.

ne faut qu'une robe chiffonnée pour compromettre une réputation.

REPRISE DU CHOEUR.

Hâtez-vous, mesdemoiselles, etc.

(Les blanchisseuses sortent à gauche, emportant plusieurs paniers remplis de linge.)

SCÈNE II.

MIGNOT, MARIE; GARÇONS, portant des ballots: ils entrent par le fond.

MIGNOT.

Allons, allons, tous les ballots... du courage!

MARIE.

Ah mon Dieu! mon oncle, qu'est-ce que c'est que ça?

MIGNOT.

Ça, ma nièce?... c'est ma vengeance! une satire contre ce Despréaux!... Ah! monsieur le satirique:

... Mignot, c'est tout dire, et dans le monde entier
Jamais empoisonneur ne sut mieux son métier!

Me larder ainsi, moi qui fais la meilleure pâtisserie!... Ça ne peut pas se digérer!... Et le Châtelet a pu l'absoudre!

MARIE.

Vous n'êtes pas encore consolé de la perte de votre procès?

MIGNOT.

Consolé!... moi qui avais envoyé des pâtés à tous les conseillers!... On dit même que le président Bellièvre s'en est donné une indigestion, et qu'il ne m'a fait condamner que parcequ'il avait ça sur le cœur... C'est affreux!... Aussi M. Nacquart, mon procureur, m'a dit: Appelez-en à Apollon! Et j'en ai appelé à Apollon... c'est-à-dire à l'abbé Cotin; il a été insulté comme moi... et le ressentiment d'un poëte ou d'un cuisinier, c'est tout comme... Rien ne porte à la tête comme le feu du génie ou des fourneaux!

MARIE.

Jésus, mon Dieu!... comme en voilà! c'est une édition complète!

MIGNOT.

Juste!... il n'y manque pas une page... Dame! allez chez Barbin, le libraire au Palais... demandez du Despréaux, il n'y en a plus... mais du Cotin, il y en a toujours, et ce n'est pas cher!... Comme m'a dit cet honnête Barbin: «Prenez toute l'édition, vous me donnerez quelques brioches, et nous serons quittes.» Pour moi, j'ai mon plan: chaque exemplaire servira d'enveloppe à un pâté, à un biscuit, même à la modeste tartelette... tout y passera!... Hein! quel débouché pour les auteurs!

AIR: C'est l'hippocrène de Voltaire

Je veux, par un si beau traité,
Unir leur génie et le nôtre:
Et chez moi, satire et pâté
Vont se vendre l'un portant l'autre.
Confondant nos talents divers,
Qu'on dise des traiteurs-poëtes:
Vive Mignot pour les beaux vers!
Vive Cotin pour les galettes!

Ah çà, ma nièce, tu t'es installée chez moi, c'est très bien... mais c'est ici que je reçois tous nos grands seigneurs, ainsi fais-moi le plaisir... (Quelques garçons, sur un signe de Marie, enlèvent les tables des blanchisseuses.) Vite une fournée de poésie et de gâteaux feuilletés.

(Ils emportent les ballots, en sortant par la droite.)

MARIE.

Il vous en faudra, des fournées comme celle-là, pour payer les honoraires de M. Nacquart!

MIGNOT.

Mon procureur!... je crois bien!... il ne se paie pas de brioches, lui!... mais dis donc, je crois qu'il en tient, M. Nacquart; tu lui as tourné la tête... c'est peut-être pour cela que j'ai perdu mon procès... j'ai eu le contre-coup de sa passion... Hein! qu'en dis-tu?... Eh! M. Nacquart est un bon parti, et pour une blanchisseuse...

MARIE.

Laissez donc!... si je voulais écouter fleurette, j'aurais mieux que lui; des gens de qualité! L'autre jour encore, le maréchal de l'Hôpital, qui m'a rencontrée chez Marion Delorme... mais je m'y fie comme à Jean de Wert: ces gros messieurs, procureurs et courtisans, ça se ressemble pour la bonne foi.

MIGNOT.

Et puis, ce que tu ne me dis pas... Lagardie va revenir. Il voulait s'enrôler... il a peut-être la casaque de soldat... Mais attention, Marie: au physique il est gentil, c'est vrai; mais au moral, il n'a pas le sou.

MARIE.

Je sais bien!.. et c'est désolant, sur-tout pour une fille qui veut être riche... mais c'est égal; quoique simple blanchisseuse, je vous réponds qu'il n'y aura pas plus de tache sur ma réputation, que sur le linge de mes pratiques.

MIGNOT.

A la bonne heure!... quoique les taches... Moi, par état, je n'y prends pas garde... mais la vertu... (On entend le bruit d'une voiture.) Eh mais, quel est ce bruit?... un carrosse à ma porte...

MARIE.

C'est Marion Delorme.

MIGNOT.

Un drôle d'à-propos, quand on parle de vertu.

MARIE.

Est-elle heureuse!... quel luxe!... quels

beaux équipages!... toujours les livrées les plus riches.

MIGNOT.

Je crois bien.

Air du Carnaval

Toujours jolie et toujours adorée,
Selon l'heureux qu'elle fait, elle prend
    Et ses armes et sa livrée...
Et, Dieu le sait, elle en change souvent !
    Car chez une femme pareille,
    L'heureux du soir ou du matin
N'est déjà plus son amant de la veille,
N'est pas encor celui du lendemain.

SCÈNE III.

MARIE, MARION, MIGNOT.

MARION, entrant par le fond, et riant aux éclats.

Ah! ah! ah! bonjour, la belle Marie! bonjour, père Mignot! ah! ah! ah!

MIGNOT.

Ah ça, mais, est-ce de moi que rit madame?

MARION.

Non, pas cette fois-ci... Ah! ah! je venais... demander à votre nièce...

MARIE.

La robe de bal? je viens de l'envoyer chez madame.

MARION.

A la bonne heure... car les plaisirs se succèdent .. Mon Dieu, que la vie est gaie!

MARIE.

Pour vous, madame, à qui tout rit.

MARION.

Et qui ris de tout... même de m'entendre appeler madame... Moi qui ai débuté, il y a long-temps de ça... par être la pauvre Marion Delorme, comme tu es la pauvre Marie Mignot; une grisette absolument comme toi.

MARIE, à part.

Insolente!

MARION.

J'allais porter les robes de mes pratiques à pied... et maintenant je porte les miennes en voiture.

MARIE.

Dame !... c'est que vous avez toujours eu du goût pour aller vite. (A part.) Attrape.

MARION.

C'est le reproche de mademoiselle de Scudéry, que je viens de rencontrer. J'en ris encore.

Air du Verre.

Elle prétend que les amours
    Craignent le bruit et le scandale ;
Comme *Clélie* elle fait des discours
    Pleins de fadeurs et de morale
    Puis elle vante son honneur,
    Sa vertu !... J'y crois, et pour cause
    Ne faut-il pas que sa laideur
    Lui serve au moins à quelque chose ?

MARIE.

J'espère qu'il n'y a pas que les laides qui puissent répondre...

MARION.

Ah! tu dis ça pour toi; tu es prude aussi. Qu'est-ce que ça prouve? que tu n'as jamais été tentée. Vois-tu, comme disait un jour Mazarin à la régente, qui prenait son éventail en entendant prononcer mon nom : —Est-ce que madame répondrait toujours d'elle-même? —Quelle demande! —Ma si on offrait à madame oun million?—Quelle horreur!—Oun million de pistoles? — Finirez-vous! —Ouna centaine de millions?

MARIE.

Ah! dame, vous en direz tant...

MARION.

Allons donc... voilà des Marion Delorme toutes trouvées.

MIGNOT.

Le fait est que c'est une jolie somme.

MARIE, à part.

Dieu!... est-ce que j'aurais aussi mauvais ton, si j'avais voiture? Je voudrais bien voir...

MARION.

Oh! moi, je n'en rougis pas... Je serais fière de donner mon nom à la galanterie, comme Corneille au génie tragique.

MIGNOT.

Et moi aux sauces.

MARION.

Mon existence est si heureuse, si animée! c'est une ivresse perpétuelle. A mon lever se presse et bourdonne à ma toilette un essaim de jeunes seigneurs. Quelle sera la partie du jour? Où dinera-t-on? Graves questions que je décide sans appel. Le soir, j'occupe la plus belle loge à l'hôtel de Bourgogne. Ma parure fait le désespoir des duchesses. A minuit, un tapis vert. Un brillant Lansquenet. Des pyramides d'or qui s'élèvent et disparaissent. Moi, ça m'amuse... j'aime les caprices de la fortune: c'est tout simple, n'en suis-je pas un?

MARIE, à part.

Dieu ! son bonheur d'anne des idées.

MARION.

Et les amants qu'on prend, qu'on laisse, qu'on désole... Ah! c'est drôle.

MARIE.

Pourtant, quand on aime quelqu'un, il me semble que la fidélité. .

MARION.

La fidélité? je ne l'ai connue qu'une fois, dans un autre temps... Pauvre *Cinq-Mars!*... Mais aujourd'hui...

Air du Charlatanisme

La fidélité !... c'est mon lot !...
Je l'estime fort et pour causes :
Mais non pas en détail ; il faut
Au grand concevoir bien des choses

Un amant a-t-il votre foi?
Qu'à son cœur le vôtre réponde ;
Soyez-lui fidèle... Pour moi
J'aime tout le monde, et je dois
Être fidèle à tout le monde.

SCÈNE IV.

MARIE, LE MARÉCHAL, MARION, MIGNOT.

LE MARÉCHAL, qui est entré sur les dernières paroles.

Fidèle à tout le monde!... C'est Marion Delorme.

MIGNOT.

Monsieur le maréchal de l'Hôpital !

LE MARÉCHAL.

Ah ça ! les maréchaux de France en sont-ils?

MARION.

Ah ! ah ! c'est charmant; au cabaret... je vous y prends.

LE MARÉCHAL.

En bonne compagnie, du moins.

MARION.

Eh ! mais, que venez-vous faire ici?

LE MARÉCHAL.

Commander un dîner de garçons. Eh ! parbleu, Marion, ça se trouve bien... vous en serez.

MARION.

Si la compagnie est digne de moi.

LE MARÉCHAL.

Comment donc!... nous avons presque un roi... l'héritier présomptif du trône de Pologne.

MARIE.

Le prince Casimir?... celui qui s'échappa de Vincennes?...

LE MARÉCHAL.

Oui, c'est cela même... le prisonnier de Richelieu... Quel intérêt...? (Apercevant Marie.) Eh ! mais, que vois-je !... cette jolie blanchisseuse que j'ai distinguée l'autre jour chez vous, Marion? (Bas à Marion.) Que diable fait-elle ici!... Est-ce qu'elle s'est lancée ?...

MARION, bas.

Elle?... allons donc !

Air du Passepartout.

Pour oser marcher sur mes traces,
Il lui faudrait de l'esprit, des talents !...

LE MARÉCHAL.

Taille légère, œil vif, traits pleins de graces...
C'est vous quand vous aviez vingt ans !...

MARION.

Sa figure est sans caractère !...

LE MARÉCHAL.

Ah! vous voulez dire sans fard?...

MARION.

J'ai commencé bien plus tôt qu'elle a plu...

LE MARÉCHAL.

Elle pourra finir plus tard.

LE MARÉCHAL, à Marie.

Qui êtes-vous donc, ma belle enfant ?

MIGNOT.

C'est ma nièce, monseigneur.

LE MARÉCHAL.

Ah! ah! mon cher; je me sais bon gré d'avoir donné aujourd'hui la préférence à votre cabaret.

MIGNOT.

C'est bien de l'honneur pour moi.

LE MARÉCHAL.

Le prince Casimir m'a été confié par Mazarin, qui veut lui faire oublier la terrible hospitalité de Richelieu, qui n'était aimable... que pour vous... et pour certaine grande dame. Le ministre de Louis XIII gouvernait avec des prisons : celui de la régente avec des bals; il nous a donné l'Opéra, c'est plus gai que Vincennes. Ma foi, pour bien divertir le prince, j'ai imaginé un dîner de beaux esprits... Sur-tout, Mignot, distinguez-vous.

MIGNOT.

Oui, monseigneur, un repas dans les règles. Ce n'est pas moi qui ferai des incongruités de bonne chère, quoi qu'en dise M. Despréaux.

LE MARÉCHAL.

Ah! dame, il y sera.

MIGNOT.

Il y sera, monsieur le Maréchal?

MARION.

Prenez garde, vous allez mettre aux prises deux grands ennemis... Ah! ah!

MIGNOT.

Riez! riez! un petit faiseur de vers... Et c'est moi qu'il attaque, moi que la Cour honore de sa confiance... Qu'il vienne donc, ce Boileau ! je lui donne une sauce à faire, et je suis sûr qu'il la manquera.

LE MARÉCHAL.

On dit que vous publiez contre lui une satire un peu forte?

MIGNOT.

Très-forte! c'est du Cotin; et comme j'ai dit à l'abbé : « Il ne s'agit pas d'épargner le sel et « le poivre, il faut que ça emporte la bouche, « je ne connais que ça...» Ah! il vient aujourd'hui? à la bonne heure, je l'attends ; ma tête s'exalte, j'entre en verve.

MARION.

Il est dans le feu de l'inspiration !

LE MARÉCHAL.

Allons, qu'on dise de vous :

Que Mignot aujourd'hui s'est voulu surpasser.

MIGNOT, à part.

Encore du Boileau !

LE MARÉCHAL.

Je vais prendre le prince... Ainsi, Marion, à midi sonnant : je compte sur votre promesse.

MARION.

Soit! j'en fais tous les jours: pour changer,
je veux en tenir une.

LE MARÉCHAL.

Air d'un fragment de la Gazza.

Pour vous revoir,
Souffrez, ma toute belle,
Qu'un doux espoir
En ces lieux me rappelle!

MARIE et MIGNOT.

Un amant de haute naissance!...

Il veut { me } { la } séduire, je pense;

Mais { je connais } { ell' connaît } trop { mon } { son } devoir!

ENSEMBLE.

LE MARÉCHAL, MARION.

LE MARÉCHAL.

Que de charmes et d'innocence!
Cela m'amusera, je pense,
De les réduire en mon pouvoir!

MARION.

Il la courtise en ma présence!
Le perfide! quelle inconstance!...
C'est comme moi dans mon boudoir.

MARION.

Son cœur est fier; blanchisseuse dans l'âme,
D'un cuisinier elle sera la femme!

(Parlé.) Mignot, faites venir mes gens!

ENSEMBLE.

MIGNOT et MARIE.

Ah! c'est trop fort! quelle arrogance!
Peut-on, avec plus d'insolence,
A ce point-là nous insulter!
Quelle colère!
Et comment faire
Pour la forcer à nous mieux respecter?

LE MARÉCHAL.

Que de charmes et d'innocence!
Pour moi quelle douce espérance
De pouvoir me faire écouter!...
Bientôt, j'espère,
Je saurai plaire;
Sur mes rivaux je saurai l'emporter.

MARION.

Je vois déjà son inconstance!
Je ne ferais pas mieux, je pense!
Mais ici, pourquoi m'emporter?...
Point de colère;
D'un mot, j'espère,
Je forcerai l'ingrat à me rester.

(Ils sortent par le fond.)

SCÈNE V.

MARIE, seule.

Femme d'un cuisinier! blanchisseuse dans
l'âme!

Air de Marianne.

Ah! pour une honnête personne,
C'est bien d'avoir de la vertu!

Mais pour le mal que cela donne,
Quel prix m'en est-il revenu?
Ah! que j'ai peur!
Avec l'honneur
L'ambition se dispute mon cœur;
Un jour, hélas!
N'aurai-je pas
Mes diamants,
Mon hôtel et mes gens!
Quel beau sort!... J'aurais le courage
De donner tout pour le gagner!
Oui, si l'on pouvait tout donner
Sans cesser d'être sage!... (bis.)

Oh! que les hommes sont heureux! ils ont
mille moyens de s'enrichir, et les femmes n'en
ont qu'un; c'est le mariage, à ce que dit
M. Nacquart. M. Nacquart, c'est un beau nom;
il est riche, il m'aime... oui; mais...

LAGARDIE, dans la coulisse.

Oui, père Mignot, mon parti est pris...
comptez sur moi.

MARIE.

Qu'entends-je? cette voix...

SCÈNE VI.

MARIE, LAGARDIE.

LAGARDIE, entrant par le fond.

Ma chère Marie!

MARIE.

Lagardie! c'est vous!

LAGARDIE.

Laisse-moi t'embrasser. Si tu savais comme
mon cœur tremblait quand je suis arrivé! je
me disais: S'est-elle souvenue de moi, de
notre amour, de nos espérances? sera-t-elle
heureuse de me revoir?

MARIE.

Pouvais-tu en douter?

LAGARDIE.

C'est que lorsqu'on aime bien, vois-tu, on
a peur de tout; mais enfin, nous voilà réunis...
Que je te regarde à mon aise... Ah! comme tu
es embellie!

MARIE.

Et vous, monsieur, voyons; comment re-
venez-vous?

LAGARDIE.

Comment?...

Air de Lantara.

Mais je reviens toujours fidèle,
Je reviens cent fois plus épris!...

MARIE.

Et plus heureux!

LAGARDIE.

Mais oui, ma belle,
Puisque nous allons être unis.
Content d'un sort simple et modeste,
Le malheur dût-il m'accabler,
Je braverai tout... s'il me reste
La main qui doit me consoler.

Juge de mon amour !... j'ai attendri un oncle goutteux, et, qui pis est, un procureur !

MARIE.

Il te donne son nom et sa fortune ?

LAGARDIE.

Du tout, au contraire.

MARIE.

Comment ?

LAGARDIE.

Il exige que je ne me fasse jamais connaître pour son parent, que je renonce à son héritage ; et, à ces conditions-là, il veut bien me donner de quoi me faire un établissement.

MARIE.

Un établissement ! lequel ?

LAGARDIE.

Tu sais bien, j'avais des goûts militaires, je voulais m'engager. Oh ! que j'aurais aimé à porter l'uniforme ! mais le père Mignot m'a déclaré qu'il ne donnerait ta main qu'à celui qui prendrait son fonds. Eh bien ! me voilà ; je viens de m'offrir à lui, il m'accepte.

MARIE.

Comment ? vous seriez traiteur... cuisinier ?... (A part.) Juste ce que disait Marion tout-à-l'heure.

LAGARDIE.

Sans doute !... je ne sais pas faire de sauces, mais j'aurai des marmitons ; c'est comme les hommes d'état qui ont des secrétaires.

MARIE.

Est-il possible ? un jeune homme de famille qui pourrait aller si haut !

LAGARDIE.

Si j'aime mieux descendre à cause de toi ?

MARIE.

C'est cela, et je resterai ouvrière, sujette au public !... A quoi sert donc de me marier ?

LAGARDIE.

C'est ça, c'est ça ; voilà les idées que tu as prises en fréquentant les gens de qualité. Tu es ambitieuse, Marie, prends garde... Mais qu'est-ce qu'il te faut donc ?... car enfin, moi, pour te satisfaire, pour t'obtenir, je serais capable de tout, d'attendre même s'il le faut. Qu'exiges-tu de moi ?... l'uniforme te plairait mieux peut-être ? Veux-tu que je me fasse soldat ?

MARIE.

Je veux que mon mari ait un état, mais un état indépendant ; c'est-à-dire, qui mette les autres dans sa dépendance ; un état enfin qui soit lucratif et honorable, qui me donne l'estime publique et une voiture.

LAGARDIE.

Et lequel ? lequel ?

MARIE.

Ça m'est égal, je n'ai pas de préférence, pourvu que j'aie la voiture... et à toi.

LAGARDIE.

Ah ! j'en perdrai la tête !... Que faire ? où puis-je me mettre ?

SCÈNE VII.

LES MÊMES, MIGNOT.

MIGNOT, *entrant par le fond, à droite.*

A la broche ! chaud, chaud... Ah ! te voilà... J'ai pensé à ta proposition ; me succéder ! c'est ambitieux, mais ça ne me déplait pas ; ça vaut mieux que d'aller se faire tuer sur la frontière. Sois tranquille ; une fois entre mes mains... C'est que j'ai fait des élèves ! Vatel, par exemple, le petit Vatel, le maitre-d'hôtel du prince de Condé ; il sort de mes fourneaux... Et, dis-moi, qu'est-ce que tu crois que ton oncle pourra bien te donner à-peu-près ?

LAGARDIE.

Il m'avait parlé de quatre mille écus ; mais à présent, qu'importe ?

MIGNOT.

Comment, diable !... Douze mille livres ! mais avec ça nous nous entendrons bien.

LAGARDIE.

Au contraire, j'ai peur que non ; votre nièce... Ah ! père Mignot !...

MIGNOT.

Qu'est-ce que c'est ? une querelle ? Allons donc ! L'amour, c'est comme un diner, ça ne vaut plus rien quand ça refroidit. Ce mariage-là me convient très fort. Je viens d'en toucher, tout-à-l'heure, deux mots à M. Nacquart, qui te baise bien les mains, Marie.

LAGARDIE.

Ah ! M. Nacquart. Quel est cet homme-là ?

MIGNOT.

Oh dame ! c'est un homme charmant, un procureur honnête et désintéressé, seul et unique de son espèce... Croirais-tu qu'il n'a jamais voulu recevoir mon argent ? Il me fait remise des frais ; c'est superbe... Ah ! c'est qu'il est riche, celui-là.

MARIE.

Je crois bien ! à la bonne heure, voilà un état... procureur !

LAGARDIE.

Comme mon oncle. Quoi ! vraiment, ça vous plairait ?

MIGNOT.

Un procureur doit toujours plaire à une femme, quand il fait bien ses affaires. Et M. Nacquart ! il faut voir dans son antichambre, des grands seigneurs, et je dis des plus huppés ; les mains dans leurs poches, ou bien soufflant dans leurs doigts. Voilà comme il les traite. Moi, c'est différent : il en tout de suite, et des politesses !... — Comment va la belle Marie ? Pense-t-elle toujours à moi ?... — Aussi, quand je lui ai

parlé de ton mariage, ça a paru l'intéresser,
qu'il en est devenu tout pâle, quoi!

MARIE.

Qu'en pense-t-il?

MIGNOT.

Il allait me le dire, quand nous avons été
interrompus par une duchesse. Il voulait la
renvoyer pour moi: parceque lui, les duchesses, ce n'est rien du tout. Mais je me suis
retiré, et il m'a fait reconduire de force en
carrosse.

MARIE.

Comment! il en a un?

MIGNOT.

Celui d'un marquis dont il a fait saisir les
meubles.

Air du vaudeville des Maris ont tort.

Ah! dam', c'est un beau privilège!
Un procureur voit chaque jour,
Dans son étude qu'on assiège,
A ses pieds la ville et la cour.
On cède à tout ce qu'il ordonne,
Les plus grands implor'nt son appui;
Comme il n'a d'égards pour personne,
Ça fait qu' tout l' monde en a pour lui.

MARIE.

Comme sa première femme était heureuse!

MIGNOT.

Je crois bien.

LAGARDIE, à part.

Que dit-elle? Ce caprice...

MARIE.

Un mari qui tient dans ses mains le sort de
tant de personnes!

MIGNOT.

Et leur carrosse.

MARIE.

Qui peut humilier les uns.

MIGNOT.

Qui fait remise des frais aux autres.

MARIE.

Courir en poste à la fortune!

MIGNOT.

Courir! dis donc voler!... Et puis le désinté-
ressement... Moi, si je n'étais pas pâtissier, je
voudrais être procureur.

MARIE.

Dieu! si vous l'étiez!

LAGARDIE.

Qu'entends-je! Lui ou moi, n'est-ce pas?

MIGNOT.

Eh bien! qu'est-ce qui te prend donc?

MARIE.

Lagardie!

MIGNOT, apercevant Nacquart, qui paraît dans le fond.

Ah! tenez, c'est lui; c'est ce bon M. Nacquart, mon digne procureur.

LAGARDIE, à part.

Procureur! pourquoi pas?... J'écrirai à mon
oncle. Je cours voir mes amis... Marie, vous
serez contente... Père Mignot...

(Il lui secoue la main.)

MIGNOT.

Mais encore, dis donc...

LAGARDIE.

Ne me retenez pas... Adieu, Marie, adieu.

(Il sort par le fond, très vivement, en heurtant M. Nacquart, qui se trouve sur son passage.)

SCÈNE VIII.

MARIE, NACQUART, MIGNOT.

MIGNOT, secouant son poignet.

Est-il drôle!... comme il m'a serré la main!

NACQUART.

Voilà un jeune homme qui paraît bien aimable... il a manqué me jeter par terre.

MIGNOT.

C'est l'amoureux... vous savez: Lagardie,
que ma nièce adore.

MARIE.

Mon oncle...

NACQUART.

Il ne faut pas rougir, mon enfant... C'est
que votre nièce est d'une rigidité... Moi-même,
j'ai essayé de voir si... et j'ai vu que non. Ça
m'a fait plaisir. C'est la première; car voilà ce
qui m'a empêché jusqu'ici de me remarier. Je
tenais à m'assurer par moi-même, attendu
que ma première femme était d'une légèreté...

MIGNOT, à part.

Diable! je crois bien, c'est connu.

NACQUART.

Non pas que je dise...

MIGNOT, à lui-même.

Ce n'est pas la peine, vos clercs l'ont assez
dit.

NACQUART.

Quoi qu'il en soit, j'ai reconnu que Marie
avait des principes solides, et j'ai résolu de
venir, avec la franchise de mon état, sur-tout
depuis que je sais qu'un autre se présente... et
attendu l'urgence, je vous la demande en mariage.

MARIE.

Qu'entends-je!

MIGNOT.

Sérieusement?

NACQUART.

Ça vous étonne?... Je sais bien que ça fera
jaser mes confrères; aussi je vous préviens,
qu'afin qu'on se taise plus vite, je veux qu'on
n'ait la première nouvelle de mon mariage,
qu'en apprenant qu'il est déjà fait. Mes mesu-
res sont prises : si j'ai votre aveu, celui de la
belle Marie, c'est aujourd'hui même.

MARIE.

Sitôt?

NACQUART.

Père Mignot, parlez pour moi.

MIGNOT, prenant le milieu.

Ça la regarde, plaidez votre cause, et sur-
tout ne la perdez pas comme la mienne.

Air de Turenne.

Mais mon dîner m'appelle, je vous laisse,
Car aujourd'hui je traite Despréaux ;
En mauvais vers il me poursuit sans cesse,
Mais je le tiens, je cours à mes fourneaux.
Et, cuisinier, je me venge en héros ;
J'ai, pour dompter cette muse farouche,
Ragoûts divins, mets friands, vins parfaits,
   Et c'est à force de bienfaits
   Que je lui fermerai la bouche.

                (Il sort par le fond.)

SCÈNE IX.

MARIE, NACQUART.

NACQUART.

Nous voilà seuls, tant mieux !... Ma belle demoiselle, allons, que votre cœur se rassure... Cette fois-ci, mes vues n'ont plus rien qui puisse vous mécontenter... J'espère qu'il est encore temps ?

MARIE.

Assurément... je ne dis pas... Mais, monsieur Nacquart, combien coûte une charge de procureur ?

NACQUART.

Ah ! j'entends... Les moindres de notre compagnie se vendent quinze et vingt mille écus.

MARIE.

Pauvre Lagardie !... il n'a que douze mille livres !... Et, pour être procureur, il faut de longues études ?

NACQUART.

Trois ans de droit, et cinq ans de cléricature.

MARIE, à part.

Huit ans ! oh ! que c'est long !... Je l'aime bien... mais je n'attendrai jamais jusque là.

NACQUART.

Il faut du temps pour faire sa fortune, et moi, Marie, je vous en offre une toute faite... Oui, c'est un secret de famille, les Nacquart sont procureurs de père en fils ; la pelote a grossi en roulant, et aujourd'hui, je ne dis cela qu'à vous, parceque la réputation de mon père pourrait en souffrir un peu... aujourd'hui je compte par cent mille écus.

MARIE.

Cent mille écus !

NACQUART.

Le double.

MARIE.

Six cent mille livres !

NACQUART.

Encore !

MARIE.

Vraiment ?... Et Lagardie !... Oh ! non, non, jamais !... Monsieur Nacquart, vous m'aimez, vous le dites du moins, et je veux bien le croire ; ne pourriez-vous l'aider à faire sa fortune, le protéger ?...

NACQUART.

Enfantillage !... on devient commis, on avance par protection... mais procureur, c'est autre chose !... il faut du travail et de l'argent... Allons, nous avons ruiné tant de gens ! j'ai besoin d'enrichir quelqu'un... ça me ferait du bien. Le contrat est prêt : je vous aime, Marie... Je vous assure toute ma fortune... Je vous donne un rang... Je vends mon étude... J'achète une charge au parlement... Pour vous plaire, je monte ma maison sur le pied le plus somptueux... Vous aurez équipage... Je donnerai des fêtes, où la Cour et la ville se presseront comme à celles du surintendant Fouquet...

MARIE.

Monsieur Nacquart... de grace... comme vous me pressez !...

NACQUART.

Il est permis d'embrouiller les idées de son juge, c'est de mon état. Voyons, choisissez : blanchisseuse, ou grande dame... Le curé m'attend... Les diamants sont prêts.

MARIE.

Les diamants !... Ah ! ce pauvre Lagardie !

SCÈNE X.

MARIE, MARION, NACQUART.

MARION.

Ah ! te voilà ! Je suis venue exprès avant l'heure du repas pour te laver la tête, ma petite blanchisseuse.

MARIE, à part.

Allons, la voilà avec ses grands airs !

MARION.

Mais que vois-je ! monsieur Nacquart !... Je te rencontre à propos, mon beau procureur !

NACQUART.

Votre procureur ? c'est-à-dire celui de vos créanciers.

MARION.

C'est vrai, mon bon petit Nacquart... C'est égal, je ne t'en veux pas, au contraire ; tu sais bien que j'ai toujours eu de l'amitié et de l'estime pour toi.

MARIE, à part.

Elle le respecte, lui !

MARION.

Comment vont-ils, mes créanciers ?... Veux-tu être du nombre ?... On dit que tu as fait saisir le carrosse d'un marquis... une voiture magnifique... de l'or jusque sur le marche-pied ; le roi n'a rien de plus beau, c'est scandaleux... Combien me le vendras-tu ?

NACQUART.

Je ne le vends pas, je le donne.

MARION, le toisant.

Toi ?... Diable, c'est plus cher.

NACQUART, regardant Marie.

Expliquons-nous... Je le donne à celle qui sera ma femme.

MARION.

C'est trop cher, n'en parlons plus. Ah! ça,
à nous deux, Marie!... je suis très mécontente
de toi... Comment, je te donne à blanchir la
plus jolie de mes robes de bal, et tu me la ren-
voies toute chiffonnée!

MARIE.

Madame, je vous assure...

MARION.

Je t'assure que c'est une indignité!... tous les
plis sont faux... Je m'y connais, peut-être? De
mon temps, nous blanchissions mieux que ça.

MARIE.

Mais...

MARION.

Mais... ne réplique pas; quand on n'est
bonne qu'à être ouvrière, au moins faut-il savoir son état.

MARIE, à part.

Je ne sais qui me tient...

MARION.

Je te déclare que j'ai donné ordre à mes
gens de la rapporter chez toi.

MARIE.

Vos gens!... Ma foi, faites-la reporter chez
qui vous voudrez; pour moi je ne veux plus
être blanchisseuse.

NACQUART, à part.

Que dit-elle?

MARION.

Qu'est-ce que tu seras donc?

MARIE, avec aigreur.

Ah! vous avez peut-être peur de la concur-
rence? rassurez-vous, je me marie... monsieur
Nacquart, c'est fini, ma main est à vous *.

MARION.

Comment?

NACQUART, prenant la main de Marie.

Quand je vous ai dit que nous avions de la
sympathie! Ah! çà, plus de délais.

MARIE.

Oui, tout de suite.

MARION.

Allons donc, c'est impossible!

MARIE, prenant le milieu de la scène.

Et pourquoi pas?... S'il faut dépendre de
quelqu'un, j'aime mieux que ce soit d'un mari
que de certaines pratiques... Oui, monsieur
Nacquart, oui, je suis votre femme... Allez,
allez tout préparer... et à votre retour vous
me trouverez prête à vous suivre.

NACQUART.

Je cours trouver votre oncle, mon notaire...
(Il donne la main à Marie, et la conduit jusqu'à la porte
à gauche.—Marie sort.) Ah! Marion, quel service
vous m'avez rendu!

(Il sort par le fond.)

* Marie, Nacquart, Marion.

MARION, seule.

Heim!... je reste suffoquée!... Il m'a pourtant courtisée, moi... et peut-être si j'avais
voulu... Moi, madame Nacquart!... (Riant aux
éclats.) C'est trop drôle!...

SCÈNE XII.

MARION, CASIMIR; LE MARÉCHAL, en
trant par le fond.

LE MARÉCHAL.

Tenez, mon prince, je n'ai pas besoin de
vous la présenter; à ces éclats de rire, vous
avez deviné...

CASIMIR.

La belle Marion Delorme, qui me vengeait
de Richelieu, quand j'étais prisonnier d'état.

LE MARÉCHAL.

Comment cela?

MARION.

Belle demande!... avec la vengeance de notre sexe.

CASIMIR.

En le trompant.

LE MARÉCHAL.

Ah! Marion, vous êtes bien la plus vindi-
cative des jolies femmes!... Mais de quoi pou-
viez-vous rire ainsi toute seule?

MARION.

D'un mariage, mais d'un mariage sérieux...
et le plaisant, c'est que j'y suis pour quelque
chose... Le riche procureur Nacquart épouse
la petite blanchisseuse, vous savez?...

LE MARÉCHAL.

Oh! une blanchisseuse!

CASIMIR.

Eh bien! je conçois cela depuis mes aven-
tures de Vincennes...

LE MARÉCHAL.

Mais bon! je suis charmé que le procureur
l'épouse!... Une jolie fille de si bas étage, c'est
de l'or dans la mine.

CASIMIR.

Ah! que vous êtes heureux, vous autres
Français!... tout est chez vous matière à plaisir!... C'est le ton de la cour... que d'éclat, de
grace et de gaîté!... Mais votre peuple aussi
est assez bien, vous avez des bourgeois qui
ne sont pas du tout sots!... Votre Corneille,
votre Pascal, ça a des idées... presque comme
nous! et vos petites roturières sont, ma foi,
fort agréables!... Ah! si je n'étais pas condamné
à régner un jour, je voudrais n'être, tout sim-
plement, qu'un de vos ducs et pairs, avec cent
mille écus de rente, et une compagne pari-
sienne.

MARION.

Vous n'êtes pas dégoûté, mon prince!

SCÈNE XIII.

MARIE, CASIMIR, MIGNOT, NACQUART, LE MARÉCHAL, Cuisiniers, Blanchisseuses, quelques Bourgeois.

MIGNOT.

Eh oui! c'est bien, j'approuve tout... Vite la mariée... Ah! messeigneurs, pardon... je vous présente mon neveu, monsieur Nacquart, procureur; et bientôt conseiller au parlement.

(Il entre dans la chambre de Marie.)

LE MARÉCHAL.

Déjà?... Eh! monsieur Nacquart, vous menez les affaires bien vite!

NACQUART.

Mais oui, quand ce sont les miennes.

(Ici Mignot entre, donnant la main à Marie, qui est en toilette de mariée.)

MARION.

Voici madame Nacquart *.

CASIMIR.

Que vois-je!... Marie!...

MARIE.

Le prince Casimir!...

MARION.

Eh bien! une reconnaissance!... c'est intéressant!...

NACQUART.

Quoi! Marie, vous connaissez des princes?

CASIMIR.

Oui, monsieur, c'est elle qui, à Vincennes, pendant ma captivité, me faisait passer les lettres de mes amis.

Air : Si ça t'arrive encore! (de LA MARRAINE.)

Au souvenir de ces jours-là,
Je sens mes yeux mouillés de larmes.
Pauvre enfant! elle était déjà
Riche de candeur et de charmes ;
Elle promettait que le temps
Ajouterait à ses richesses...
Et vous voyez bien, à vingt ans,
Comme elle a tenu ses promesses.

Mon enfant, je ne vous ai point oubliée... vous refusiez tous mes présents... n'accepterez-vous pas celui-ci? c'est mon cadeau de noce.

MARIE.

Ah! prince!

MIGNOT, qui est passé dans le coin de la scène à droite.

Certainement, prince, nous acceptons...

MARION, à part.

Rien qu'une agrafe d'émeraudes!... je me déferai des princes polonais!...

LE MARÉCHAL.

Avec la permission de monsieur Nacquart... voici le mien...

* Marion, Casimir, Mignot, Marie, Nacquart, le Maréchal.

MARION, à part.

Une bague en rubis!... A la bonne heure!... c'est d'un maréchal de France.

MIGNOT.

Nous acceptons encore.

NACQUART.

Moi, ma chère Marie, voici mon petit cadeau.

MARION.

(A part.) Quelque misère! il est si avare!... (Haut.) Voyons, voyons, donne, Marie. (Elle ouvre l'écrin.) Que vois-je!... toute une parure en diamants!... et de quelle grosseur!...

MIGNOT.

Nous acceptons toujours.

(Il passe dans son cabaret.)

MARION, à Marie, avec regret.

Tenez, madame. (A part.) Décidément, je sens que j'aurais pu être madame Nacquart, avec des compensations de cette espèce-là.

NACQUART.

Allons, partons vite.

MARION.

Ça fera une veuve bien heureuse!

SCÈNE XIV.

MARION, CASIMIR, LAGARDIE, MARIE, NACQUART, LE MARÉCHAL, ensuite MIGNOT.

FINAL de M. Doche.

LAGARDIE.

Je viens, j'accours...

MARIE.

Juste ciel! Lagardie!...

LAGARDIE.

Quoi! d'une noce en ces lieux les apprêts! Parlez, répondez! Qui donc se marie?

MARION, à Casimir.

C'est l'amant. (A Lagardie.) Fuyez pour jamais!

LAGARDIE.

Celle que j'aime?...

MARION.

Est mariée!

LAGARDIE.

Mais ma tendresse?...

MARION.

Est oubliée!

NACQUART.

Allons, partons!

(Tout le monde va pour sortir.)

LAGARDIE, les retenant.

Non, arrêtez!

(A Marie qui se trouve séparée du reste de la noce.)
Il est donc vrai! pour lui vous me quittez!
Pour céder à votre caprice,
Si vous saviez quel sacrifice.. !

MARIE.

O ciel! auriez-vous obtenu ..?

MARION.

Je le plains ! mais j'en ai tant vu !...

MARIE.

Parlez...

LAGARDIE.

Me dévouant au travail le plus rude,
J'ai promis dès demain d'entrer dans une étude,
Me voilà clerc... un jour je serai procureur.

MARIE.

Il se pourrait !...

LAGARDIE.

Si tu me rends ton cœur,
A me faire un état je mettrai tant d'ardeur,
Que dans six ans...

MARIE, avec regret.

Dans six ans !

(Elle donne la main à Nacquart, qui s'est rapproché d'elle.)

NACQUART.

Quel bonheur !...

MIGNOT, entrant la serviette sous le bras et parlant.

Mes maîtres, vous êtes servis.

ENSEMBLE

MARIE.

Quelle peine cruelle
De briser mon lien !
Que j'eusse été fidèle !
Mais, hélas ! il n'a rien !

LAGARDIE.

C'en est fait, l'infidèle
A brisé son lien !
La Fortune l'appelle,
Et l'Amour n'est plus rien !

CASIMIR, LE MARÉCHAL, MARION, LE CHOEUR

C'en est fait, l'infidèle
A brisé son lien !
La Fortune l'appelle,
Et l'Amour n'est plus rien.

NACQUART.

Quel plaisir ! qu'elle est belle !
Dans un heureux lien,
Qu'il m'est doux, avec elle,
De partager mon bien !

DEUXIÈME ÉPOQUE.

Le théâtre représente un riche salon du maréchal de l'Hôpital, dont le fond est fermé par des draperies. — A droite, une table, et tout ce qu'il faut pour écrire.

SCÈNE I.

MIGNOT, GASTON, ET PLUSIEURS VALETS.

CHOEUR.

Air du Chœur de l'introduction de Léocadie. (Auber.)

Nous répondrons à votre confiance
Pour les apprêts de ce jour solennel ;
Oui, nous devons aveugle obéissance
A l'intendant de ce brillant hôtel !...

MIGNOT, aux valets.

Messieurs, je n'ai pas besoin de vous répéter que vous êtes chez monsieur le maréchal de l'Hôpital, et que la fête qu'il donne ce soir doit être digne de son rang et de sa fortune ; allez... (Ils sortent à droite et à gauche.) Voyez un peu les grands airs, ça se prend tout de suite... Qui est-ce qui m'aurait dit, il y a dix ans, quand ma nièce épousa M. Nacquart...?

GASTON, entrant à gauche.

Monsieur Mignot, vous êtes seul *?

MIGNOT.

Ah ! Gaston, mon petit ami, venez ; on ne peut nous surprendre... Vous avez copié...?

GASTON.

Oui, le menu de votre dîner. Savez-vous que c'est une singulière occupation que vous me donnez ?... Aussi voilà que je commence à me connaître en cuisine.

* Gaston, Mignot

MIGNOT.

Tant mieux !... ça ne peut pas nuire... on ne sait pas ce qui peut arriver... (Gaston lui remet un papier.) Oh ! la belle écriture ! (Lisant.) « Premier service. » Depuis qu'ils m'ont forcé à vendre mon cabaret, voilà ma consolation... diriger les autres... donner des conseils en secret...

GASTON.

C'est vrai, depuis votre entrée dans la maison du maréchal, on vous défend d'aller à la cuisine, à l'office... Mais le maître-d'hôtel... Si l'on savait que tous ses dîners sont votre ouvrage !... que c'est vous qui gagnez les appointements qu'il touche !

Air : Comme il m'aimait !

Toujours au feu, (bis.)
Vous êtes son chef de bataille.

MIGNOT.

Chut !... il faut bien cacher son jeu,
Car pour lui quel danger, grand Dieu !
De n'être qu'un homme de paille
Dans un état où l'on travaille
Toujours au feu !

Vous voyez, mon ami, le malheur de ma position ! réduit à faire de la cuisine comme un conspirateur... Quelquefois je surprends mes yeux mouillés de larmes de joie, lorsque j'entends les convives du maréchal faire l'éloge des dîners qu'ils mangent... je jouis de ma gloire incognito... c'est égal, ça ne me console pas.

GASTON.

Bah! une belle place, un beau traitement! ça ne vaut-il pas mieux que d'être cuisinier en boutique?

MIGNOT.

Eh bien! non, ce n'est pas la même chose... Depuis que je suis entré dans la bouche du maréchal, je ne suis plus à mon aise comme autrefois; je deviens triste, je maigris...

GASTON.

Mais si vous le regrettez tant, votre cabaret, qui vous empêche de le rouvrir?

MIGNOT.

J'ai une fille, mon garçon, une fille dont madame Nacquart est la cousine et la marraine... elle m'a promis d'en faire son héritière, si je ne la contrariais pas dans ses idées d'élévation, et il vaut encore mieux être cuisinier malheureux que père dénaturé!

GASTON.

Vous avez raison; et puis, dites donc, monsieur Mignot, elle sera jolie, votre fille, votre petite Marie! vous allez la mettre au couvent; et dans une dizaine d'années d'ici, vous la marierez... alors, moi je suis-là, et je la retiens d'avance.

MIGNOT.

Malheureux!... quelles idées!... si madame Nacquart l'entendait!...

GASTON.

Hem! qu'est-ce qu'il y a de mal à cela?... Moi, petit commis du secrétaire de l'hôtel, je suis en secret votre copiste et votre confident... quand vous me donneriez mademoiselle Marie pour honoraires!... Mais je vois, c'est parceque je n'avance pas... rassurez-vous... le prince Casimir, qui vient d'être élu roi de Pologne, monte sa maison à la française... Monsieur le maréchal, qui était son ami, lui envoie les gens qu'il lui faut... et j'en suis.

MIGNOT, vivement.

Faut-il un maître d'hôtel?... (Se reprenant.) Aïe!...

GASTON, riant.

Est-ce que vous voudriez, vous...? tiens, pourquoi pas?...

MIGNOT.

Je n'ai pas dit ça... pour moi... certainement... mais pour un de mes élèves... Adieu, monsieur Gaston... je vais méditer sur ce menu avant de l'envoyer; ça me distraira.

(Il s'assied à gauche.)

GASTON, à part.

C'est un brave homme!... il vaut mieux que sa nièce!...

SCÈNE II.

GASTON, LAGARDIE, MIGNOT.

LAGARDIE, entrant à gauche.

Cet hôtel!... ce doit être ici... Ah! mon ami, pourriez-vous me faire parler à M. Mignot?

GASTON.

Le voilà, monsieur; mais ne le dérangez pas, parcequ'il a des occupations très graves.

(Il sort à droite.)

SCÈNE III.

LAGARDIE, MIGNOT.

LAGARDIE.

On ne m'avait pas trompé, ce costume... (S'approchant.) Père Mignot!...

MIGNOT, se levant.

On y va!... Ah! mon dieu! je m'oublie... ce nom que mes anciennes pratiques me donnaient... Qu'y a-t-il pour votre service, monsieur?

LAGARDIE.

Eh! quoi! vous ne me remettez pas?

MIGNOT.

Si fait... attendez donc... je crois que c'est... Ah! dites-moi bien vite si c'est toi, Lagardie!

LAGARDIE.

Embrassons-nous!

MIGNOT, à part.

Comme ce gaillard-là vous a pris de la force, de la tournure!...

LAGARDIE, à part.

Pauvre cher homme!... comme il est vieilli!...

MIGNOT.

Tu vois, ils m'ont exilé ici dans un hôtel, sous un bel habit.

LAGARDIE.

Enfin, je vous ai retrouvé!... J'ai appris que vous habitiez cet hôtel, et qu'on y voyait souvent votre nièce, cette Marie que j'aimais tant!

MIGNOT.

Ah! tu sais que feu M. Nacquart est mort?

LAGARDIE.

Je l'ai appris, il y a un an, à Grenoble, où j'étais alors malheureux, sans fortune, sans espérance... Aujourd'hui mon sort est bien changé!... je ne viens ici que pour vous.

MIGNOT.

Vrai?... je t'en remercie, mon garçon... Moi je suis toujours le même... pour ma nièce, c'est différent; il y a en elle deux femmes: l'une qui aime le monde, les assemblées, la danse, la parure... celle-là est coquette, altière, ambitieuse.

LAGARDIE.

Je vous crois... elle m'a trahi... je l'oublierai tout-à-fait!

MIGNOT.

Mais nous avons l'autre femme... que je surprends quelquefois agenouillée, les mains jointes, les yeux rouges, et il me semble même lui avoir entendu murmurer : « Pauvre Lagardie! »

LAGARDIE.

Il serait vrai?... elle aurait dit...? Eh bien! je vous crois... elle pense encore à moi... cela ne m'étonne pas... je l'espérais... On a pu l'éblouir, mais, j'en juge par moi-même, le cœur ne saurait changer... on n'aime bien qu'une fois... et dites-moi, Mignot, si je pouvais la voir, lui parler aujourd'hui!...

MIGNOT.

Ah! ce n'était que pour moi!...

LAGARDIE.

Je vous en prie!

MIGNOT.

Tu tombes mal... un grand bal ce soir... car tu ne sais pas... Après la mort de mon neveu Nacquart, conseiller au Parlement, on recherche sa veuve... elle était riche, tout le monde la reçut, la famille du maréchal de l'Hôpital sur-tout; le maréchal lui-même s'est déclaré son ami... il la consulte toujours; et, aujourd'hui encore, mademoiselle de l'Hôpital la retient près d'elle pour l'aider à faire les honneurs d'une fête qu'il donne.

LAGARDIE.

Oui, je l'ai appris... J'avais d'abord pensé à me faire présenter chez le maréchal par l'ambassadeur de Suède, auprès de qui j'ai une puissante recommandation.

MIGNOT.

Bah!

LAGARDIE.

Mais au milieu de tout ce grand monde, mon entrevue avec Marie serait trop gênante... je veux, avant tout, connaître ses vrais sentiments, si c'est possible... Voulez-vous lui demander, pour moi, un entretien secret?... J'en ai le pressentiment, je ne la quitterai que pour vous nommer mon oncle.

MIGNOT.

Le ciel t'entende!... Et moi, Lagardie, je vous suivrai?

LAGARDIE.

Ma maison ne sera-t-elle pas la vôtre?... et n'aurez-vous pas le droit d'y commander en maître?...

MIGNOT.

En maître-d'hôtel, c'est tout ce que je veux... Eh! mais, j'entends... oui, c'est le maréchal... il revient du Louvre: retire-toi.

LAGARDIE, après avoir fait une fausse sortie, qui lui a fait prendre la gauche de la scène.

Et votre nièce?...

MIGNOT.

Je te conduirai près d'elle tout-à-l'heure. Attends-moi, descends au jardin.

LAGARDIE.

Air des Comédiens.

Dépêchez-vous, il faut que je la voie!..
Je brûle enfin de connaître mon sort!..
Si je l'obtiens, rien n'égale ma joie;
Si je la perds, c'est l'arrêt de ma mort!..

MIGNOT.

Perdre une femme, à ce point te chagrine!
Va, l'on renonce à tout ce qu'on aima,
Sans en mourir... J'adorais la cuisine,
Je n'en fais plus, et pourtant me voilà!..

ENSEMBLE.

Il faudra bien dans peu qu'elle te voie;
Mais, quels que soient sa réponse et ton sort,
Ne t'laiss' mourir de chagrin ni de joie;
C'est not' faibless' qui rend l'Amour si fort!

LAGARDIE.

Dépêchez-vous, etc.

(Il sort à gauche.)

MIGNOT, seul.

Tiens, c'est ma nièce... (A Marie.) Je croyais que le Maréchal...

SCÈNE IV.

Mme NACQUART, MIGNOT.

MADAME NACQUART, entrant à droite avec précipitation; elle s'arrête et suit des yeux Lagardie.

Il vient d'arriver, je l'attends... Vous n'étiez pas seul, mon oncle... avec qui parliez-vous donc?...

MIGNOT.

Comment! tu as reconnu...!

MADAME NACQUART.

Oui... de loin... ces traits m'avaient déjà frappée... ils me rappelaient quelqu'un... et je ne sais pourquoi... tout-à-l'heure... la ressemblance produisait sur moi une illusion... j'en suis tout émue!...

MIGNOT.

Et si ce n'était pas une ressemblance?

MADAME NACQUART.

Que voulez-vous dire?

MIGNOT.

Si c'était lui-même?...

MADAME NACQUART.

Lagardie! ah! ne plaisantez donc pas ainsi.

MIGNOT.

Je te répète que c'est lui qui demande à te voir, à te parler...

MADAME NACQUART.

Ciel! aurait-il besoin de mon crédit, de mes services?... Ce pauvre garçon, il n'était pas riche!

Air de Yelva.

Peut-être encor tout plein de son outrage,
Il me maudit, il m'accuse en secret!..
Que mon crédit du moins le dédommage,
Et changeons sa haine en regret.

Oui, je prétends, si dans l'absence
Son cœur a pu se dérober au mien,
Le regagner par la reconnaissance...
Il est si doux de rentrer dans son bien!

MIGNOT.
Ainsi Lagardie...?

MADAME NACQUART.
Eh bien! je le recevrai... j'agirai en sa faveur... mais pas aujourd'hui...Cette vue... d'anciens souvenirs... je n'aurais qu'à m'attendrir... et jugez... avec les yeux rouges, comme on est bien pour un bal!...

MIGNOT.
(A part.) Hum! hum! la femme coquette a le dessus!... (Haut.) Et c'est pour cela que tu ferais attendre un homme qui brûle de te demander... non ta protection!... il n'en a pas besoin... mais ton cœur, ta main!

MADAME NACQUART, vivement.
Parlez bas; si le maréchal... Eh quoi! Lagardie me serait resté fidèle!... Ah! que de bien vous me faites!...

MIGNOT.
(A part.) Allons, voilà la femme sensible qui perce!... (Haut.) Tu consens donc à le recevoir?

MADAME NACQUART.
Moi! mais dans les circonstances où je me trouve... Ah! le maréchal!

MIGNOT, à part.
Tiens! est-ce que ça le regarde?

SCÈNE V.

LE MARÉCHAL DE L'HOPITAL, Mme NACQUART, MIGNOT.

LE MARÉCHAL, entrant à droite, et préoccupé.
Mignot, éloignez-vous, je vous prie; laissez-moi un moment avec votre nièce.

MADAME NACQUART, à part.
Cette agitation...

MIGNOT, bas.
Eh bien! Lagardie?

MADAME NACQUART, bas.
Qu'il ne vienne pas!...

LE MARÉCHAL.
Ma chère madame Nacquart, je reviens de la cour... des obstacles que j'étais loin de prévoir...

MADAME NACQUART, à part.
Des obstacles!...

LE MARÉCHAL.
Encore là, Mignot!

MIGNOT.
Monseigneur...

LE MARÉCHAL.
Sortez!... c'est insupportable!...

MADAME NACQUART.
Laissez-nous un instant, mon oncle; des chagrins particuliers à monsieur le maréchal, et auxquels je prends part à cause de lui... (Bas à Mignot.) Qu'il vienne!

MIGNOT, étonné et à part.
Bon!... je n'y comprends rien... Il paraît que les deux femmes sont en présence!...

(Il sort à gauche.)

SCÈNE VI.

LE MARÉCHAL, Mme NACQUART.

MADAME NACQUART, à part.
Est-ce une défaite?... Voyons-le venir.

LE MARÉCHAL.
Ma bonne... mon excellente amie... vous me voyez tout bouleversé... Mes sentiments vous sont connus... tout mon bonheur serait d'unir mon sort au vôtre... aussi mon parti était pris... je sautais à pieds joints sur toutes les convenances de mon rang... je vous épousais... Oui, ce soir même, je voulais annoncer ce mariage à mes amis, au milieu d'une fête. Afin d'obtenir l'agrément du roi, je lui avais parlé de vous comme de la veuve d'un procureur... d'un conseiller; il ne m'avait répondu que par une grimace expressive, et, ma foi, à tout risque, j'interprétais son silence... mais ce matin, quelle a été ma surprise! lorsqu'au grand lever il a dit, en fixant sur moi un regard dont je frissonne encore: «Il y a des gens qui ont le cœur bien bas! conçoit-on le poète Dufresny... qui se dégrade jusqu'à épouser une blanchisseuse!»

MADAME NACQUART.
Ciel!

LE MARÉCHAL.
J'ai senti l'apostrophe! jugez de mon humiliation!... Il paraît que depuis hier c'était le sujet de tous les entretiens.

MADAME NACQUART.
Et pourtant c'était un secret pour tout le monde.

LE MARÉCHAL.
Excepté peut-être pour Mignot, et encore pour Marion Delorme; elle l'aura dit à Ninon, qui l'aura dit à la veuve Scarron, qui conte tout à la Montespan, qui n'a point de secrets pour le roi.

MADAME NACQUART.
Et pourquoi souffrez-vous que cette Marion pénètre dans votre hôtel?

LE MARÉCHAL.
Ah! ce n'est pas de cela qu'il s'agit. Maintenant, ma pauvre madame Nacquart, jugez de mon embarras : on annonce des promotions prochaines à l'Ordre du Saint-Esprit, et si je fâche Sa Majesté... Voyons, que faire?... que résoudre?... montrez-vous mon amie... conseillez-moi...

MADAME NACQUART.
Vous me demandez conseil?... (A part.) L'ingrat!... il est décidé!...

LE MARÉCHAL.

Eh bien?...

MADAME NACQUART, avec une aisance affectée.

Eh bien! monsieur le Maréchal, je ne vois pas dans tout cela de quoi tant se désoler!

LE MARÉCHAL.

Que dites-vous?

MADAME NACQUART.

Que ce n'est point à mon âge qu'on a besoin d'un titre pour briller dans le monde : remplissons tous deux notre sort; devenez cordon bleu, moi je reste une veuve jeune et jolie... tout le monde sera content.

LE MARÉCHAL.

Oui, si vous étiez moins cruelle... si vous m'aimiez pour moi.

(Il veut lui prendre la main.)

MADAME NACQUART.

Je vous aimais assez pour un ami... vous vouliez plus, je sacrifiais ma liberté, j'allais être votre femme...

LE MARÉCHAL.

Oh! si cela se pouvait!

MADAME NACQUART.

Non, non, cela ne se peut pas, et je me hais moi-même d'en avoir du chagrin, parceque j'ai la faiblesse de...

LE MARÉCHAL.

De m'aimer?... achevez!...

MADAME NACQUART.

Non, monsieur le maréchal, n'en parlons plus... me voilà libre... eh bien!... je m'étourdirai... j'en aurai besoin... et, à mon âge, on y réussit toujours... on a des distractions... Les hommages, les assiduités d'une foule de jeunes cavaliers... et que sait-on?... dans le nombre, il peut s'en trouver un qui ne soit pas maréchal, et qui n'attende pas de cordons... Il faut espérer qu'en France tout le monde ne sera pas de l'ordre du Saint-Esprit.

LE MARÉCHAL.

Vous à un autre!...

SCÈNE VII.

LE MARÉCHAL, MIGNOT, Mᵐᵉ NACQUART.

MIGNOT, à sa nièce.

Le voilà!

MADAME NACQUART, à part

Ah! Lagardie!

LE MARÉCHAL.

Comment, Mignot, encore!... On ne pourra donc pas se dire un seul mot sans être relancé par vous?

MIGNOT.

Monsieur le maréchal, c'est une visite pour ma nièce.

MADAME NACQUART, avec intention.

Une visite!... et qui donc, mon oncle?

MIGNOT.

Parbleu! c'est Lagardie.

MADAME NACQUART.

Lui à Paris!... quelle surprise!...

LE MARÉCHAL.

Eh! mais... Lagardie, n'est-ce pas ce pauvre diable qui s'était fait clerc le jour où vous épousiez un procureur?... Que vient-il faire ici?

MADAME NACQUART.

Je ne sais... cela pique ma curiosité; et vous, monsieur le maréchal?...

LE MARÉCHAL.

Moi?... du tout... je ne suis pas curieux... Mignot, dites-lui de nous épargner sa visite, et menez-le à ma caisse pour lui compter cent pistoles.

MIGNOT.

Mais il n'a besoin de rien... tout ce qu'il désire, c'est de voir ma nièce.

MADAME NACQUART, observant le maréchal.

Ce bon Lagardie!

LE MARÉCHAL.

Est-ce que vous seriez d'humeur à le recevoir?

MADAME NACQUART.

Pourquoi donc pas?... un ancien ami!... Oh! je ne suis pas fière, moi; je ne suis pas de ces gens qui rendent d'un côté les dédains qu'ils essuient de l'autre. Mon oncle, veuillez me l'amener.

MIGNOT.

J'y vais. Va, je te reconnais, tu es ma nièce.

(Il sort à gauche.)

LE MARÉCHAL, à part.

Eh bien! voilà une situation fort agréable pour moi!

MADAME NACQUART.

Mais j'y pense, monsieur le maréchal, notre conversation serait bien insignifiante pour vous... d'ailleurs, je ne suis pas chez moi...

LE MARÉCHAL, la retenant.

Du tout... au contraire, restez... je serai charmé d'être là, et de vous voir renouveler connaissance avec un jeune homme qui est votre ancien ami... Ce sera très amusant!

(Il s'assied près de la table, à droite.)

SCÈNE VIII.

LE MARÉCHAL, Mᵐᵉ NACQUART, LAGARDIE.

LAGARDIE, entrant à gauche.

Enfin, madame, il m'est donc permis... Ciel! quelqu'un!...

MADAME NACQUART.

Ah! Lagardie, je suis bien aise de vous revoir!... Nous ne nous retrouvons plus si jeunes ni si frivoles; mais nous n'en serons pas moins bons amis, n'est-ce pas?

LAGARDIE.

Pourriez-vous en douter, ma chère Marie?...
Ah! c'est à vos genoux... (Le maréchal fait un
mouvement très marqué sur son fauteuil. — A part.)
Mon Dieu! que c'est gênant un tête-à-tête à
trois!

MADAME NACQUART, se rapprochant du maréchal.

Que la présence d'un témoin ne vous inti-
mide pas... c'est monsieur le maréchal de l'Hôpital, le guide, le protecteur d'une veuve encore bien jeune et sans expérience... c'est, j'ose
le dire, un ami véritable.

LE MARÉCHAL.

Dites plutôt, madame, le meilleur de tous
les vôtres.

LAGARDIE.

S'il est ainsi, monsieur, je me rassure... vous
ne pouvez vouloir que son bonheur, et je suis
seul capable de le faire.

LE MARÉCHAL, à part.

Comme c'est flatteur pour moi!

MADAME NACQUART, revenant à Lagardie.

Eh quoi! mon ami, vous n'aviez donc point
oublié nos anciens projets?

LE MARÉCHAL, à part.

C'est qu'elle l'encourage encore!

LAGARDIE.

Pouvez-vous me faire une telle demande!...
mon sort n'est-il pas attaché au vôtre?... croyez-
vous que dix ans de séparation aient pu me
faire changer?...

MADAME NACQUART, jetant un coup-d'œil sur le
maréchal.

Dame! il y a des hommes qui changent en
vingt-quatre heures.

LAGARDIE.

C'est qu'ils n'aiment pas... qu'ils n'ont jamais
aimé... Pour moi, vous allez me connaître...
Lorsque je vous vis à un autre... oh! je l'avoue,
j'essayai d'abord de vous haïr... j'évitai de vous
voir; c'était le seul moyen ... il fut inutile...
Alors, j'allai retrouver mon oncle, j'étudiai
sous ses yeux... et maintenant qu'il m'a laissé
toute sa fortune, que quelques talents auto-
risent peut-être mon ambition, je reviens à
vous... dites un mot, un seul!... et demain
j'échange mon héritage contre une charge au
Parlement de Paris.

MADAME NACQUART, avec une émotion véritable.

Cher Lagardie!... tant de sacrifices!... un
tel dévouement!... je n'y résiste plus!... (Le
maréchal, qui tient un livre ouvert, le ferme et le jette
sur la table.) Ah! le maréchal!... (Se reprenant.)
C'est bien, Lagardie, le sort que vous me pro-
posez me flatte infiniment...

LAGARDIE.

Vous l'acceptez?

MADAME NACQUART, toujours occupée du maréchal.

Pourquoi non? J'ai eu un moment d'autres
idées, j'en conviens. Oui; une charge de robe,
ce n'est pas mal sans doute... mais je n'aime

plus autant cette profession-là, sur-tout depuis
que j'ai eu un mari qui en était... j'aimerais
mieux une charge où il y eût un peu de gloire.

LAGARDIE, à part.

Encore de l'ambition!

MADAME NACQUART.

L'épée aurait des attraits pour moi... non
pour le rang qu'elle peut faire conquérir, et
pourtant... (élevant la voix.) nous avons l'exemple de Fabert que le roi a fait maréchal.

LAGARDIE.

Ah! Marie, que n'ai-je connu plutôt vos
vœux! mais non, ces goûts étaient les miens,
vous ne les approuviez pas... je vous les sacrifiais... oui, je pensais encore à vous plaire
quand vous m'abandonniez. Ah! si vous me
l'eussiez permis alors, je me serais engagé,
j'aurais suivi le roi sur la frontière, en Flan-
dre, et j'aurais trouvé sur les champs de bataille, ou la mort, ou un peu de gloire.

AIR : J'en guette un petit de mon âge.

Comme Fabert, ne puis-je pas, madame,
Être officier, maréchal, grand seigneur?

MADAME NACQUART.

Mais je perdrais tous mes droits sur votre ame;
Un ordre... un mot... l'espoir de la faveur...

LAGARDIE.

Ah! quel que soit le grade où l'on me nomme,
Je remplirai tous mes serments.

MADAME NACQUART.

        C'est là
Ce que de vous j'attendais... et voilà
(Se rapprochant du maréchal.)
    Ce que doit dire un gentilhomme.

LE MARÉCHAL.

Ciel!

LAGARDIE.

Et voilà dix ans que j'ai perdus!... Encore si
la France était en guerre à présent!

LE MARÉCHAL, se levant, à part.

Ah! c'est trop fort! Il faudra que le roi fasse
une guerre pour qu'il soit maréchal!

LAGARDIE.

Mais enfin j'ai des protections, du moins
j'en aurai loin de mon pays... j'y porterai ma
fortune.

MADAME NACQUART.

Comment, pour l'amour de moi?...

LE MARÉCHAL, prenant le milieu de la scène.

Désolé, mon cher monsieur, mais madame
a la bonté de présider à une fête que je donne,
et tous ses instants sont comptés.

LAGARDIE.

Pardon, monsieur le maréchal, je me retire.
(Il remonte la scène et revient. — Bas à madame Nacquart.) Je reviens bientôt. (Haut.) Monsieur, je
vous en supplie, protégez-moi dans son esprit, vous le pouvez, puisqu'elle vous regarde
comme son père.

(Il baise la main à madame Nacquart.)

LE MARÉCHAL, à part.

Son père !... il ne manquait plus que cela.

(Il se retourne ; Lagardie le salue et sort à droite.)

SCÈNE IX.
Mme NACQUART, LE MARÉCHAL.

LE MARÉCHAL.

A quelle scène m'avez-vous exposé !... Me faire essuyer jusqu'au bout toutes les incartades amoureuses de ce petit bourgeois ! Vous ne pouviez pas le remettre tout d'abord à sa place par un refus bien sec ?

MADAME NACQUART.

Et pourquoi donc un refus ? Vous l'avez écouté, vous voyez s'il m'aime !

LE MARÉCHAL.

Oui, sans doute ; mais est-il donc le seul ?

MADAME NACQUART.

Il ne m'a point oubliée ; il revient à moi. S'il recherche les honneurs, c'est pour me les faire partager... Ah ! peut-être aurais-je dû...

LE MARÉCHAL.

N'achevez pas !... c'en est fait, vous avez pris un tel empire sur moi, que l'idée seule de vous perdre... Habitué à vous voir, à vous entendre, à ne prendre conseil que de vous, à ne vivre que pour vous, que deviendrais-je si vous quittiez cet hôtel ?... quelle consolation... ?

MADAME NACQUART.

Un grand cordon... (Mouvement du maréchal.) Ah ! pardon, ce mot m'est échappé... Mon dépit se cache en vain sous un air d'indifférence qui est loin de mon cœur. Mais aussi, vous faites-vous un jeu de mes peines ?.. Me soupçonner !... Ah ! maréchal !...

Air du Baiser au porteur.

Dédaignez-moi, fuyez-moi... Je vous jure
Que de ce cœur trahi par vous, hélas !
Vous n'entendrez ni plainte, ni murmure ;
De ma douleur vous ne rougirez pas.
    Que votre orgueil se satisfasse...
Et je saurai paraître, aux yeux de tous,
Heureuse encor d'un cordon, d'une grace
    Qui ne doit consoler que vous !...

LE MARÉCHAL.

Eh ! quoi, madame, des larmes !

SCÈNE X.
MIGNOT, Mme NACQUART, LE MARÉCHAL.

MIGNOT, entrant à droite, et tenant des papiers.

Ma nièce !... (Il tient le haut de la scène.) Pardon, monsieur le maréchal, de vous interrompre encore, mais Lagardie prétend que c'est très pressé.

LE MARÉCHAL.

Qu'est-ce que c'est ?

MARIE MIGNOT

MIGNOT.

Ce billet qu'il vient de griffonner au crayon... car il était si agité... (Il ouvre un papier qu'il remet vivement dans sa poche.) Pardon... le menu du souper pour le maître-d'hôtel.

(Il passe à la droite de la scène.)

LE MARÉCHAL, bas à madame Nacquart.

Vous le voyez, il vit de pair et compagnon avec nos gens.

MADAME NACQUART, à part.

Il a dit : Nos gens !

MIGNOT, remettant un papier à sa nièce.

Tiens, ma nièce.

MADAME NACQUART, lisant.
          (Le maréchal suit des yeux.)

« Vous m'avez cité l'exemple du maréchal « Fabert... Eh bien ! Marie, vous serez con- « tente... Je suis recommandé à l'ambassadeur « de Suède ; je cours chez lui... Permettez-moi « de vous revoir aujourd'hui, ce soir, à la fête. » (Tristement.) Quel est son projet ?... Pauvre Lagardie !...

LE MARÉCHAL, à part.

Un soupir !... (Bas.) Ce soir, le recevrez-vous ?

MADAME NACQUART.

Ce soir, je recevrai... je ne recevrai... que mon mari.

LE MARÉCHAL.

Eh bien ! je cours au Louvre, je parlerai au roi ; je combattrai la calomnie, j'assurerai que vous n'étiez pas... mais c'est que vous l'étiez... N'importe, on n'est pas obligé de dire la vérité au roi.

MADAME NACQUART.

Eh bien ! c'est assez ; je me fie à vous. (A part.) Mais je prendrai mes précautions.

LE MARÉCHAL, bas.

Quant à votre oncle, tant qu'il n'était qu'un étranger, cela passait ; mais s'il devient mon parent, je ne puis plus l'avoir chez moi.

MADAME NACQUART.

On lui parlera.

MIGNOT, à part.

Je crois qu'ils me regardent.

MADAME NACQUART.

Mais Marion Delorme que vous recevez souvent...

LE MARÉCHAL.

Je vous l'abandonne... Qu'ils partent, je ne veux plus les recevoir ni l'un ni l'autre.

MARION, dans la coulisse, à droite.

Je vous dis que c'est chez madame Nacquart... elle y est pour moi.

MIGNOT.

Eh ! c'est Marion !

SCÈNE XI.

MIGNOT, Mme NACQUART, MARION, LE MARÉCHAL.

MARION.

Marion pleure, Marion crie,
Marion veut qu'on la marie...

Votre servante, monsieur le maréchal. (Il passe devant elle, et sort à droite, sans la regarder.) Tiens! comme il est aujourd'hui!... A son aise!... Je vous salue, madame Nacquart; bonjour, père Mignot... Si vous saviez, la valetaille qui ne voulait pas me laisser entrer, parceque je suis arrivée dans une chaise à porteurs!

MADAME NACQUART.

C'est l'ordre de mes gens.

MARION, riant.

De tes gens!... encore plus drôle!... Eh! pourquoi diable, ma chère Marie, t'avises-tu donc d'avoir des gens?

MIGNOT, à Marion, en riant.

Le fait est que c'est comique. Ah! ah! ah!...

(Madame Nacquart le regarde avec colère, et va s'asseoir pour écrire. — Mignot, honteux, s'est retiré dans le coin de la scène, à droite.)

MARION.

Mais c'est au maréchal que j'en veux, il est sorti sans me dire une parole... Ah! j'ai vu un temps où il était moins silencieux!... Dame! chacune son tour... J'étais belle alors... comme toi... impertinente... comme lui... et j'avais des gens comme les tiens.

AIR : On a tant de peine... (de LA FIANCÉE.)

Mais mon règne est passé,
Mes attraits ont baissé,
Ce que j'ai n'est qu'un mince avantage :
Je vois fuir les grandeurs,
Et la chaise à porteurs
A déjà remplacé l'équipage.
Dans mes filets j'ai pris
Des ducs et des marquis ;
Je gagnais beaucoup d'or,
J'en mangeais plus encor.
Même à présent, vois-tu,
Je n'ai pas tout perdu ;   (bis.)
Je puis, dans mes bons jours,
Rattraper les amours !...
Cependant il faut être modeste :
Mes attraits passeront,
Les amants les suivront ;
Ah ! du moins que la gaîté nous reste !
Un jour vient où l'on n'a
Rien que ce plaisir-là !...   (bis.)

MIGNOT, allant près de Marion.

Écoutez donc, mamz'elle Marion, ma nièce, ça sera différent, parcequ'elle aura des maris.

MARION.

C'est juste, des maris, c'est plus solide!... A propos, père Mignot, est-ce vrai, ce qu'on dit, que madame Nacquart va se remarier?... C'est une nouvelle qui court... Oh! j'en ai bien

ri!... et toi aussi tu en riras, j'en suis sûre; n'est-il pas vrai, madame la maréchale?

MADAME NACQUART, toujours assise à la table, à droite.

Pourquoi pas?

MARION, à part.

Dans le fait, où serait la mésalliance? le mari un bâton, la femme un battoir; ça fera de très belles armoiries!

MIGNOT, bas à madame Nacquart.

Et Lagardie?

MADAME NACQUART.

Voici la réponse... Mon oncle, approchez... plus près. (Bas.) Marion ne doit plus reparaître ici... le maréchal veut qu'on la renvoie... Je compte sur vous.

MIGNOT, bas.

Comment, tu exiges...?

MARION.

Ah! çà, décidément, madame Nacquart, vous serez donc une grande dame?

MADAME NACQUART.

Qui a besoin de vous pour un petit service.

MARION.

Ah! compte sur ma complaisance.

(Elle va près de madame Nacquart.)

MADAME NACQUART.

Écoutez.

(Elle lui parle bas à l'oreille.)

MIGNOT, à part, dans le coin à gauche.

Maréchale!... ma nièce!...Voilà la peur qui me prend. Si elle s'élève, il faudra que je monte encore... et Dieu sait où je m'arrêterai!

MARION, bas à madame Nacquart.

Qui?... votre oncle?...

MADAME NACQUART, bas.

Il le faut, le maréchal le veut.

MARION, bas.

Allons, je m'en charge, ne fût-ce que pour adoucir le coup.

MADAME NACQUART, à part, et prenant le milieu de la scène.

Au moins, en m'y prenant ainsi, j'évite les reproches de l'un et les railleries de l'autre.... (Haut.) Je vous laisse, Marion. Adieu, mon oncle.

(Elle sort à droite, en regardant Mignot d'un air de regret.)

SCÈNE XII.

MARION, MIGNOT.

MARION, à part.

Ce brave père Mignot!... comment lui tourner le compliment?

MIGNOT, à part.

Pauvre Marion! comment lui assaisonner cela ?

MARION, se rapprochant de Mignot.

Eh bien! mon vieux traiteur?

MIGNOT, s'avançant aussi.

Eh bien! mon ancienne pratique?

MARION.

Comme tout change autour de nous!

MIGNOT.

Oui, et à notre âge on ne doit plus compter sur personne.

MARION.

Ni sur les parents!

MIGNOT.

Ni sur les amis!

MARION, à part.

Est-ce qu'il se douterait...?

MIGNOT, à part.

Est-ce qu'elle s'attend...?

MARION.

Ma foi! en pareil cas, il faut être philosophe.

MIGNOT.

Sans doute... et oublier ceux qui nous oublient.

MARION.

C'est cela... au lieu de les laisser nous mettre à la porte.

MIGNOT.

Il vaut mieux nous en aller de nous-mêmes.

MARION.

Je suis enchantée de vous voir dans ces dispositions-là...

MIGNOT.

Justement, ce que j'ai à vous apprendre des ordres du maréchal...

MARION.

A moi? cela se trouve bien; car j'ai aussi à vous parler: le maréchal exige...

MIGNOT.

Sans doute; vous concevez qu'il est des circonstances... Votre présence chez le maréchal... Enfin, on m'a chargé... Hum! hum! hum!...

MARION.

De me fermer la porte?

MIGNOT.

Quelque chose comme ça.

MARION, riant aux éclats.

Vrai?... Ah! ah! ah!

MIGNOT, de même.

Elle prend assez bien... Ah! ah! ah!

MARION.

C'est charmant!... ah! ah! le bon tour!... et moi, qui allais vous en dire autant!

MIGNOT.

Hein? plaît-il...? Ah! çà, ne plaisantez pas!

MARION.

Eh! non, sur mon honneur! vous n'êtes plus un assez grand personnage... et votre nièce vous prie de... hum! hum! vous comprenez?

MIGNOT.

Il se pourrait!... c'est une infamie!... Ah! je vois bien qu'elle sera de la cour! elle ne reconnaît déjà plus ses parents!

MARION.

Et moi donc, une ancienne camarade!...

MIGNOT.

Eh bien! je prends mon parti... On envoie une maison complète... en Pologne... chez un roi... j'en serai! j'y ferai la cuisine, et ça la vexera.

AIR de la Charmelle.

Rien n'égale ma colère...
Eh quoi! nous chasser ainsi!
Ah! par nous bientôt, j'espère,
Son orgueil sera puni!
Oh! de son dépit, d'avance,
Il me semble ici jouir!

MARION.

Bien! courage! la vengeance
Pour moi c'est un grand plaisir.

MIGNOT.

C'est le premier, sur mon âme.

MARION.

Pour un traiteur, oui, c'est bon;
Mais, mon cher, pour une femme,
Ce n'est rien que le second.

ENSEMBLE.

Rien n'égale { ma / sa } colère...

Eh quoi! nous chasser ainsi!
Ah! par nous bientôt, j'espère,
Son orgueil sera puni!

SCÈNE XIII.

MARION, LAGARDIE, MIGNOT.

LAGARDIE, entrant à droite.

On arrive pour la fête... les salons se remplissent... Si je pouvais pénétrer jusqu'à elle!...

MIGNOT.

Eh! c'est Lagardie!

LAGARDIE.

Mignot!... Eh bien! que m'apprenez-vous...?

MIGNOT.

Rien de bon, mon pauvre ami!... Marie est une ingrate! elle te trahit, elle me trahit! elle nous trahit tous!

MARION.

Comment!... ce jeune homme!... Eh mais! c'est le même qui, à son premier mariage... Et il est fidèle!... Oh! par exemple, c'est jouer de malheur!

LAGARDIE.

Expliquez-vous!... Que voulez-vous dire?...

MIGNOT.

Tiens, voilà la réponse à ton billet.

LAGARDIE.

Eh! donnez donc. (Il lit.) «Mon ami...» (S'arrêtant.) Qu'est-ce que vous disiez? mon ami!...

MARION.

Ça ne prouve rien; je m'y connais.

LAGARDIE, continuant de lire.

«Jamais je n'ai mieux apprécié tout votre

« amour, et je vous dois une preuve de mon
« estime... c'est la réponse que vous me de-
« mandez, et je vous la promets pour aujour-
« d'hui ; venez ce soir... et vous saurez si je
« vous aime... » Vous voyez bien...

MIGNOT.

Ma foi ! si j'y comprends un mot...

MARION.

Bah ! elle ne s'engage à rien.

MIGNOT.

Ah ! ça, mais son mariage avec le maréchal ?

LAGARDIE.

Qu'ai-je entendu ?... avec le maréchal !...
Est-ce que, par hasard, j'arriverais encore
trop tard, comme l'autre fois ?

MARION.

Vous verrez qu'elle les ménage tous les deux
pour en avoir un.

(Le fond du théâtre s'ouvre, et l'on voit plusieurs salons
richement décorés et remplis de monde. — Des valets
sont à la porte du milieu. — Le salon où l'on reçoit, est
avant celui où se passe la scène suivante.)

LAGARDIE.

Serais-je joué ?... Non !... Il faut que mon
sort se décide... Je l'aperçois entourée d'une
foule brillante... N'importe, je veux qu'elle
s'explique.

MARION.

C'est cela... parlez-lui ferme... Un amant qui
se fâche, ça me fait toujours rire !...

SCÈNE XIV.

MARION, LAGARDIE, Mme NACQUART,
MIGNOT.

MADAME NACQUART, paraissant dans le deuxième
salon.

Oui, monsieur le marquis, le maréchal est
chez le roi : mais bientôt... (Elle entre dans le
premier salon.) Ciel ! Lagardie !... Déjà !...

MARION, à part.

C'est étonnant, comme elle a l'air enchanté !

LAGARDIE.

Madame, je me rends à vos ordres.

MIGNOT, à Lagardie.

Va donc, parle !

LAGARDIE.

Je viens vous offrir d'autres projets... d'autres espérances... J'entre au service ; vous le
savez, depuis long-temps, c'était mon ambition... mais aujourd'hui, je suis riche... j'achète
une charge d'officier ; recommandé à l'ambassade de Stockholm, qui fait des offres brillantes
à de jeunes Français...

MADAME NACQUART.

Eh ! quoi, quitter votre patrie, passer en
Suède !

MIGNOT, à part, avec un soupir.

Et moi, en Pologne ; ça doit se toucher.

LAGARDIE.

Vous l'avez voulu !... un vœu de Marie est
un ordre pour moi ; et ma patrie sera par-tout
où je vous trouverai.

MADAME NACQUART, à part.

Que le maréchal est lent à revenir !

LAGARDIE.

Air du Pot de fleurs.

Parlez, j'attends votre réponse.

MADAME NACQUART.

Dans les salons le monde vient... bientôt...

LAGARDIE, la retenant.

Non, qu'avant tout votre bouche prononce
Sur mon destin.

MADAME NACQUART.

Je ne puis...

LAGARDIE.

Il le faut.

Ah ! par pitié pour l'amant le plus tendre...

MARION.

Pauvre garçon ! ah ! de mon temps,
Ils étaient bien aussi pressants,
Mais je les faisais moins attendre.

LAGARDIE.

Un mot, un seul mot ; mais je le veux ici, à
l'instant !

MADAME NACQUART.

Mon Dieu ! quelle impatience ! (Le maréchal
paraît dans le deuxième salon.) Puisque vous le
voulez, il faut... Ah !...

SCÈNE XV.

MARION, sur l'avant-scène, à droite ; LAGARDIE,
Mme NACQUART, LE MARÉCHAL, MI-
GNOT, sur l'avant-scène, à gauche ; SOCIÉTÉ,
dans le fond.

LE MARÉCHAL, au milieu de la société.

Pardon, messieurs, je reviens de la cour ;
j'ai été retenu long-temps près de sa majesté.
(On commence à entendre l'orchestre du bal. — Contre-
danse nouvelle de M. Doche.)

LAGARDIE, à madame Nacquart.

Expliquez-vous, enfin.

MADAME NACQUART.

C'est bon, je suis à vous. (Au maréchal qui
est descendu près d'elle.) Eh bien ?

LE MARÉCHAL.

Je suis plus incertain que jamais. Le roi refuse de me recevoir ; mais j'ai vu M. de Colbert,
il parlera pour moi, il me l'a promis : j'attends
sa réponse.

LE VALET, annonçant dans le deuxième salon,
à gauche.

Monsieur le vicomte de Turenne !

(Le maréchal va le recevoir.)

MADAME NACQUART.

Sa réponse... encore !...

LAGARDIE.

Adieu, madame ; je devine mon sort, je ne resterai pas plus long temps.

LE VALET, annonçant.

Madame de la Sablière !

MADAME NACQUART, à Lagardie, qui fait sa fausse sortie à gauche, en passant derrière elle.

Attendez... Comment ! me quitter ainsi ?

LAGARDIE revient à gauche de madame Nacquart.

Que dites-vous ?.. Quel bonheur inespéré !..

LE VALET, annonçant.

Le sieur Despréaux !

MIGNOT, à part.

Ah ! Dieu !

LE MARÉCHAL, revenant entre eux, et bas à madame Nacquart.

Encore cet homme chez moi !... Songez que vous êtes...

MADAME NACQUART.

Je suis madame Nacquart.

LE VALET, annonçant.

Monsieur le Prince !

(Le maréchal remonte avec impatience pour le recevoir.)

LAGARDIE.

Marie, je vous aime ; je sens encore là tout l'amour que vous m'inspiriez avant de m'avoir trahi... J'ai tout sacrifié pour vous, parlez ; si je sors, vous ne me verrez plus !

MADAME NACQUART.

Oui, tout-à-l'heure, vous saurez...

UN VALET, entrant à droite.

De la part de M. de Colbert.

MADAME NACQUART, à part.

Je tremble.

LE MARÉCHAL, saisissant la lettre.

Une lettre ! donnez !

LAGARDIE, à madame Nacquart.

Achevez !... faut-il vous fuir ?

MADAME NACQUART.

Moi, je... ne sais... je...

LE MARÉCHAL, qui est descendu sur l'avant-scène, à droite de madame Nacquart, après avoir lu.

Grand Dieu !... Venez, Madame. (Il remonte vers le fond, la prend par la main, et la présente à la société, qui se rapproche en foule du premier salon.) Messieurs, je vous présente madame la maréchale de l'Hôpital !

(On la salue.)

LAGARDIE.

Ciel !

MIGNOT, à part.

Ma nièce !

MARION, à part.

Voilà la blanchisseuse tout-à-fait désencanaillée.

(Le rideau tombe sur le tableau que forme cette présentation.)

TROISIÈME ÉPOQUE.

Le théâtre représente un intérieur gothique. — Le fond est ouvert, par trois portes, sur une galerie qui conduit, à gauche, au palais, et, à droite, à la chapelle. — Sur le devant de la scène, une table et des fauteuils. — Deux gardes dans la galerie.

SCÈNE I.

MARIE, ensuite GASTON.

Au lever du rideau, Marie est occupée à éplucher des fraises dans une corbeille élégante.

GASTON, au fond, aux gardes.

Eh bien ! allez-vous m'empêcher d'entrer, moi, un des secrétaires de sa majesté !

MARIE, se levant.

Ah ! c'est monsieur Gaston !

GASTON, entrant.

Ah ! mademoiselle Marie, c'est vous... quel bonheur !

MARIE, lui montrant l'huissier.

Chut ! de la prudence !

GASTON.

C'est juste. Quand je pense qu'il y a trois jours que je ne vous ai seulement entrevue !... Eh ! mais, à quoi vous occupez-vous donc là ?

MARIE.

Allons, monsieur, aidez-moi.

GASTON.

Comment, mademoiselle, c'est pour cela

que vous me faites venir... pour éplucher des fraises !... cela me rappelle le temps où votre père me faisait copier ses notes de cuisine.

MARIE, se levant.

Ingrat ! vous ne voyez pas que c'est pour vous ce que j'en fais.

GASTON.

Je ne comprends pas.

MARIE.

Voilà ce que c'est : depuis que le roi Casimir a quitté la Pologne, où mon père était entré à son service...

GASTON.

Lorsque j'y entrai moi-même, il y a dix ans, après le mariage de votre cousine, madame la maréchale.

MARIE.

Oui, depuis que le roi a quitté la Pologne, et s'est réfugié à Paris, vous savez que sa majesté Louis XIV lui a donné l'abbaye de Saint-Germain-des-Prés...

GASTON.

Oui, de monarque à monarque, on se fait

de petits présents... abbayes, châteaux, villes,
provinces, avec les dépendances, bêtes et
gens, tout compris.

MARIE.

Le nouveau propriétaire de Saint-Germain-
des-Prés n'a rien voulu ôter aux anciens habi-
tants... seulement, il s'est choisi un petit coin
de terre pour le cultiver lui-même.

GASTON.

Il est si bon, si simple dans ses goûts!

MARIE.

Ce n'est que par lui que nous pouvons être
heureux... je cherche à lui plaire... Aussi,
quand je puis l'approcher, je lui demande des
nouvelles de ce qu'il aime le mieux, de son
petit jardin, qu'il cultive avec tant de soins!...
et ce matin, il m'a fait appeler : « Tiens,
« petite... » m'a-t-il dit, « es-tu contente?
« voilà de mes fraises. » Je l'ai remercié de son
cadeau... J'ai consulté mon père pour les assaisonner, et je veux qu'on les serve, ce matin,
au roi... Il sera flatté, très flatté... et l'on a
beau avoir abdiqué, voyez-vous, ça fait toujours bien... et s'il voulait nous protéger...

GASTON.

Vous croyez, mademoiselle Marie, que nous
pourrions obtenir...? Oh! non, tenez, je n'espère plus rien depuis que votre cousine s'est
impatronisée ici; je crois qu'elle a fait un
pacte avec le diable!... Avec ça qu'à présent
elle est prude, et même elle fait la... (Il lui parle
bas.) Parole d'honneur!... On dit que c'est pour
ressembler en tout à madame de Maintenon!

MARIE.

Vous la croyez capable...

GASTON.

Je la crois capable de tout!... Une femme
qui vous retient dans les salons où je ne puis
entrer, doit avoir tous les défauts.

MARIE.

Allons, ne vous emportez pas.

GASTON.

Si vous me laissiez baiser votre jolie main?

MARIE.

Eh bien! monsieur...

GASTON.

Un seul!

MARIE.

Air de la Fiancée.

Cessez votre prière;
Sur ma main un baiser!
C'est par trop téméraire!
Je dois vous refuser.
Finissez; cette audace,
Monsieur, me fâchera...
Quand j'avais quinze ans, passe !
Il m'en souvient déjà,
    En ce temps-là
C'était toujours comm' ça.

Ne venez pas sans cesse.
Maintenant, demander

Ce qu'hélas! la sagesse
Me défend d'accorder;
Sitôt qu'un nœud prospère
Enfin nous unira,
A ce refus sévère
Rien ne me forcera.
    (Gaston lui baise la main.)
Mais qu'en c' temps-là
Ce soit toujours comm' ça.

SCÈNE II.

MARIE, GASTON; LAGARDIE, un Huissier.
qui le précède.

(Ils arrivent par la galerie.)

LAGARDIE, à l'huissier.

Annoncez le feld-maréchal Lagardie, au
service de Suède.

MARIE, à part.

Ciel! ma corbeille!...

LAGARDIE.

Pour moi, j'attendrai ici.

MARIE, à Gaston, d'un air d'autorité.

Ainsi, monsieur, vous les recommanderez à
l'office... Faites remettre cette corbeille au
maître-d'hôtel de sa majesté.

GASTON.

Oui, mademoiselle Marie.

(Il donne la corbeille à un valet.)

LAGARDIE, qui est en scène.

Marie!... c'est singulier, malgré les années,
chaque fois que j'entends ce nom, il produit
sur moi un effet!... je suis toujours tenté de
voir si celle qui le porte est aussi jolie que...
(Il regarde Marie.) Ma foi!... (Arrêtant Gaston.)
Dites-moi, mon ami, quelle est cette jolie
personne?

GASTON.

Mademoiselle Marie Mignot.

LAGARDIE.

Que dites-vous? serait-ce...?

GASTON.

La fille du premier officier de sa majesté.

LAGARDIE.

Ah! ce n'est pas de Mignot, l'ancien traiteur?

GASTON.

Si fait.

LAGARDIE, à part, après avoir passé vivement au milieu du théâtre.

Qu'entends-je!... c'est sa cousine!... la
cousine de Marie!... Ah! je ne m'étonne plus
qu'elle soit si bien!

GASTON, à part.

Cet homme-là m'est suspect... il a une figure
en dessous.

LAGARDIE, s'avançant vers Marie.

Mademoiselle!

MARIE.

Monsieur?

LAGARDIE.

Pardonnez-moi de vous aborder si brusquement.

GASTON, à part.

Qu'est-ce que ça veut dire?

LAGARDIE.

J'ai connu autrefois votre famille. Arrivé
d'hier, je n'ai pas encore eu le temps de m'in-
former... De grâce, vous pouvez m'apprendre
par quel hasard Mignot...

MARIE.

Oh! monsieur, c'est bien facile. Mon père
était attaché à la maison du roi Casimir, qui
l'a ramené en France. Comme tous les officiers
de sa majesté l'avaient abandonnée après son
abdication, mon père s'est trouvé le premier;
mais il n'en est pas plus fier pour cela.

LAGARDIE.

Oh! je le crois... Toujours bon... toujours
un peu faible.

GASTON.

C'est-à-dire, sa nièce le mène.

LAGARDIE, avec émotion.

Ah! la maréchale de l'Hôpital!... elle est
donc ici?

GASTON.

Oui, monsieur... le maréchal de l'Hôpital,
qui était l'ami du vieux roi, lui a recommandé,
en mourant, sa veuve, pour la protéger;
(à part.) mais c'est elle qui le mène... elle les
mène tous!

LAGARDIE.

Il se pourrait!... Chargé par la cour de
Suède d'une mission auprès du roi Casimir,
j'étais loin de m'attendre que dans son palais
même... Quels souvenirs!... Ah! ma belle demoiselle, vous aussi, vous voilà jeune, faite
pour plaire : croyez-moi, ne vous laissez pas
éblouir à tout cela; et si vous aimiez quelqu'un
placé dans une condition plus humble que la
vôtre, ne le sacrifiez pas... vous lui feriez trop
de mal!

GASTON.

Ah! monsieur, quel bon conseil!... Si vous
pouviez nous aider! voilà justement notre situation.

MARIE.

Monsieur Gaston!

GASTON.

Non, mademoiselle, il n'y a pas de danger,
c'est un honnête homme; il porte ça sur sa
figure.

LAGARDIE.

Comment donc!... un amour à protéger!...
Oui, mes chers amis, comptez sur moi; j'aime
à faire le bonheur des autres, ça me rappelle
celui que j'espérais.

PLUSIEURS VOIX, annonçant.

Le roi! le roi!

MARIE.

Ciel! il traverse la galerie pour se rendre à
la chapelle.

GASTON.

Ah! monsieur, nous n'espérons qu'en vous!

(Il sort à droite.)

LAGARDIE.

Voilà comme j'étais!... Mais Marie...

SCÈNE III.

LAGARDIE, CASIMIR, MIGNOT, Officiers, Huissiers, Pages et Gardes.

(Ils arrivent par la galerie. — Au moment de l'entrée du
roi, l'orchestre joue l'air du *Muletier*, en sourdine. —
Marie, qui va pour sortir au moment où le roi entre,
le salue.)

CASIMIR.

Ah! ma petite amie; bonjour. (Il lui présente
sa main; Marie la baise, et sort.) C'est sans doute
monsieur le feld-maréchal?...

LAGARDIE.

Oui, sire, je vous demande une audience
au nom de mon souverain; mais j'attendrai le
loisir de votre majesté.

CASIMIR.

Ma majesté n'a pas grand' chose à faire;
d'ailleurs, ne jamais faire attendre, c'est la
politesse des rois, sur-tout quand ils ne le sont
plus... Ah! Mignot... messieurs...

(Il remonte et fait signe à sa suite de rester dans le fond.)

LAGARDIE, riant, à part.

Dieu me pardonne!... le vieux traiteur a un
habit brodé! c'est plaisant!... (Se reprenant.)
Ah! je ne pensais plus au mien!

CASIMIR.

Qu'on retarde le déjeuner d'une demi-heure!

MIGNOT.

Ah! mon bon maître, si vous saviez comme
on fait du tort à un cuisinier quand on dérange
ses heures!

CASIMIR, avec bonté.

Bien! bien! nous raisonnerons de ça entre
nous.

LAGARDIE, à part.

Toujours le même.

CASIMIR, à Lagardie.

Air de Colalto.

De mes gens, peut-être, avec moi,
Le ton familier vous étonne...
Que voulez-vous?... Je ne suis plus ce roi
Arbitre des faveurs, des biens d'une couronne.
A mon trésor ne pouvant envoyer
Les serviteurs fidèles à leur maître,
En ami je dois reconnaître
Les soins qu'en roi je ne puis plus payer.

(Mignot s'éloigne.)

A nous deux, maintenant, monsieur le
comte!... Je suis charmé de vous voir; votre
nom m'est connu et votre courage aussi. Nous
savons quels services vous avez rendus à la
Suède contre les Moscovites, nos ennemis
communs; et votre fortune rapide ne vous ho-

nore pas moins que le roi qui a su vous apprécier.

LAGARDIE.

Ah! sire...

CASIMIR.

Oui, monsieur, oui...

AIR : Ce luth galant, etc.

Heureux le roi qui donne sa faveur
Au vrai mérite, au courage, à l'honneur !
Aux cœurs de ses sujets il fait chérir sa gloire :
    Quand le temps aura fui,
    Quand jugera l'histoire,
Les choix qu'il a su faire, escortant sa mémoire,
    Iront plaider pour lui.

Eh ! mais, c'est singulier, plus je vous regarde... Vous n'êtes jamais venu en Pologne?

LAGARDIE.

Jamais, sire.

CASIMIR.

Voyez pourtant, vos traits réveillent en moi un souvenir confus... Au milieu d'une fête!... d'une noce... je me rappelle... non, je ne me rappelle rien... Ah! sur mon trône, j'ai eu tant de secousses, que je n'ai plus guère la tête à moi!

LAGARDIE.

Ce n'est pas l'opinion de l'Europe, sire.

CASIMIR.

L'Europe est trop bonne, et vous aussi.

LAGARDIE.

La mission dont je suis chargé prouve assez l'estime qu'elle fait de vos lumières... Votre majesté n'ignore pas que son successeur au trône de Pologne...

CASIMIR.

Oui, le pauvre Michel!... il est mort après s'être fait battre par les Turcs... J'ai quitté à temps; ça aurait bien pu m'arriver.

LAGARDIE.

Vos dix ans de règne ont prouvé le contraire... aussi le roi de Suède, mon maitre, d'accord avec le cabinet de Versailles, s'est assuré de l'élection, et vous invite par ma voix à remonter sur le trône.

CASIMIR.

Le trône !... Que signifie cette plaisanterie, monsieur? êtes-vous venu ici pour vous jouer de moi?

LAGARDIE.

Ah! sire, pouvez-vous supposer...? Ces lettres de créance...

CASIMIR.

Quoi! ce serait sérieusement!... (Il jette un coup-d'œil sur les lettres.) Oui, ma foi! rien n'égale ma surprise! Il y a donc disette d'ambitieux, pour qu'on ait pensé à moi!... On m'avait assuré que Jean Sobieski se mettait sur les rangs; excellent choix pour cette pauvre Pologne que j'aimerai toujours... mais de loin !... Il lui faut un héros; et sous ce rapport, Sobieski est bien mieux son fait que

moi; avec les meilleures intentions du monde, je ne suis pas un grand homme, c'est connu : j'ai fait mes preuves.

LAGARDIE.

Ce que j'entends a droit de m'étonner à mon tour!... Puis-je m'expliquer avec franchise?

CASIMIR.

Oui... oui.. nous sommes convenus que je n'étais plus roi.

LAGARDIE.

Eh bien! sire, il me semble que mon message ne devrait pas être imprévu pour vous... Les lettres confidentielles de madame de Maintenon, ce qu'elle m'a dit hier elle-même dans une audience secrète...

CASIMIR.

Plait-il ?

LAGARDIE.

Quelqu'un de votre maison lui a répondu de votre desir, de votre consentement...

CASIMIR.

Qui aurait eu l'audace...? Que je n'aie pas su toujours ce qui se passait dans mon royaume, rien de plus simple; mais dans mon ménage!... Et vous a-t-elle nommé...?

LAGARDIE.

Non, sire.

UN HUISSIER, annonçant.

Madame la maréchale de l'Hôpital !

LAGARDIE, à part.

Ah! j'éprouve un trouble...

CASIMIR, à part.

La maréchale!

SCÈNE IV.

LAGARDIE, CASIMIR, LA MARÉCHALE.

LA MARÉCHALE, arrivant par la galerie.

Comment se porte sa majesté? a-t-elle bien reposé?

CASIMIR.

Je vous rends grace, madame. Vous êtes sortie de bien bonne heure?

LA MARÉCHALE.

Il est vrai. Je viens de chez madame de Maintenon, qui m'avait fait demander.

CASIMIR, avec intention.

Ah! ah!... (A part.) Juste... je vois tout. (Haut.) Je vous présente monsieur l'envoyé de Suède.

LA MARÉCHALE, à part.

Déja!... il ne perd pas de temps... à merveille!... (Haut.) Son excellence est la bien venue, et... (Regardant Lagardie. — A part.) Que vois-je!... est-ce une illusion?

CASIMIR.

Monsieur le feld - maréchal Lagardie... Qu'avez-vous donc, madame? ce trouble...

LA MARÉCHALE.

Moi!... rien.

CASIMIR.

Monsieur le comte m'apprend des choses
qui m'étonnent, et que vous m'expliquerez,
sans doute, madame la maréchale. (A Lagardie.)
Sans adieu, monsieur, nous nous reverrons.
Je vous mènerai à mon abbaye de Saint-Germain; vous verrez quelle solitude, quel repos
on y trouve! je vous montrerai mes sujets,
des chanoines bien portants et bien soumis;
mon petit jardin, que je cultive moi-même;
mes fraises et mes superbes laitues; et vous
me direz ensuite si l'on peut quitter tout cela
pour une couronne... Adieu, madame la Maréchale. (A part.) Est-ce que madame de Maintenon voudrait...? Ah! pour l'exemple, peut-
être... (A sa suite.) Messieurs, à la chapelle!

MIGNOT, à la cantonade.

Faites mettre au feu les côtelettes du roi.

(Tout le monde entre dans la chapelle.)

SCÈNE V.

LAGARDIE, LA MARÉCHALE.

LAGARDIE.

Enfin, madame, après dix ans d'exil, je
puis donc vous revoir; je puis...

LA MARÉCHALE.

Vous, Lagardie!... vous, comte!... feld-
maréchal!... ambassadeur!...

LAGARDIE.

Je le vois, mon sort cause votre surprise;
et, en vérité, lorsque j'y songe, il ne m'étonne
pas moins que vous... Après vous avoir per-
due, le cœur déchiré, je me jetai dans cette
nouvelle carrière, que j'avais toujours aimée,
et qu'un de vos desirs m'avait ouverte... Je
quittai mon pays, où vous ne pouviez plus être
à moi... je partis. La Suède était en guerre...
Les jeunes Français étaient accueillis avec
faveur; et comme je voulais me faire tuer, on
prit mon désespoir pour du courage. Le prince
royal lui-même fut témoin de la bravoure
avec laquelle j'affrontais des dangers, où j'aurais perdu la vie, si j'eusse été heureux. Que
vous dirai-je?... j'obtins des grades, des honneurs... je m'élevai, et peu à peu je perdis
l'envie de me faire tuer. Cependant ces titres,
ces dignités qui vous semblaient si nécessaires
au bonheur, les voilà! mais elles n'ont rien
fait pour le mien.

LA MARÉCHALE.

Ah! c'est singulier! j'aurais cru... Et, dites-
moi, cette mission secrète dont vous êtes
chargé près du roi de Pologne...?

LAGARDIE.

Eh quoi! c'est déja le diplomate que vous
interrogez? Dans la fortune de votre ancien
ami, n'y a-t-il plus rien qui vous intéresse?
Apprenez donc des secrets que je ne puis révé-
ler qu'à vous, apprenez...

MARIE MIGNOT

LA MARÉCHALE, à part.

Vous verrez qu'il m'est resté fidèle.

LAGARDIE.

Que j'ai été sur le point d'épouser la comtesse Héléna, une jeune parente du roi de
Suède.

LA MARÉCHALE.

Vous!

LAGARDIE.

La comtesse me vit souvent près de son
cousin... Quelques succès, quelques exploits,
peut-être, l'avaient disposée en ma faveur...
elle m'aima!

LA MARÉCHALE.

J'entends, et je vous félicite...

LAGARDIE.

Non, car maintenant une séparation éter-
nelle... (Mouvement de la maréchale.) Le roi pé-
nétra nos sentiments... il me manda en secret:
« Lagardie, me dit-il, Héléna vous aime, et
« je la chéris trop pour lui donner des lois;
« mais je compte sur votre amitié... Je ne vous
« bannirai pas... mais abuserez-vous de ma re-
« connaissance? » En disant cela, il tenait mes
mains serrées dans les siennes. Je consentis à
un exil, qu'il voulut décorer d'un titre pom-
peux, en me chargeant d'une mission dans ma
patrie... il me supplia d'y former un prompt
mariage, seul moyen de rendre le calme à la
comtesse.

LA MARÉCHALE.

Mais vous auriez pu être prince?

LAGARDIE.

Oh! ce n'est pas ce que je regrette... Que dis-
je! rentré en France, quand j'appris votre
veuvage, les prières du roi de Suède me revin-
rent à l'esprit. (Souriant.) Ah! vous ne pensez
pas que je vous rapporte un cœur, une passion de vingt ans... Oh! non; il s'est passé tant
de choses... N'en parlons plus!... mais tenez...

AIR de Céline.

Long-temps éloignés l'un de l'autre,
Puisque nous voilà réunis,
Fixons et mon sort et le vôtre...
Enchaînons enfin deux amis!
A deux cœurs que rien ne sépare,
Le bonheur peut être rendu,
Quand c'est l'amitié qui répare
Le temps que l'amour a perdu

LA MARÉCHALE.

Combien il est flatteur pour moi, qu'au
milieu des graves intérêts de la politique... car
enfin votre mission... c'est pour le roi de Po-
-logne?... Casimir est toujours roi?...

LAGARDIE.

Sans doute, madame, s'il y consent.

LA MARÉCHALE, avec joie.

Il y consentira.

LAGARDIE.

Eh! que nous importe...? laissez-moi vous

parler d'intérêts qui nous sont plus chers...
Marie! ah! que ce nom me soit encore permis!
Vous êtes libre, et cette fois vous n'avez plus
rien à m'opposer... Eh bien! cette main est-
elle à moi?

LA MARÉCHALE.

Silence!... que tout le monde ignore... Elle
ne m'appartient plus.

LAGARDIE.

Qu'entends-je?... Qui vous retient?

LA MARÉCHALE.

Une promesse de mariage du roi Casimir...
je vais être reine.

LAGARDIE, avec enjouement.

Vous? Ainsi j'arriverai donc toujours trop
tard! car à présent j'aurai beau faire... On devient procureur: il y en a tant!... officier: il
ne faut que du courage... mais roi!... c'est plus
rare; on n'en fait pas tous les jours; et s'il vous
en faut un, je ne m'élèverai jamais jusque-là.

SCÈNE VI.

LAGARDIE, LA MARÉCHALE, MARIE,
MARION DELORME.

MARIE.

Ma cousine, une dame âgée et mal vêtue
attendait dans la galerie le passage du roi...
Elle demande quelques secours... Elle s'est
recommandée à moi: « Je n'ai rien, lui ai-je
« dit; mais ma cousine est riche, venez. » Elle
m'a suivie, et je vous l'amène.

LA MARÉCHALE.

Bien, mon enfant; mais il fallait savoir...

MARION, venant à gauche de la maréchale.

Pardon, madame, c'était sa majesté, qu'a-
près une longue absence, je venais implorer
dans ma misère... Je n'aurais pas osé près de
madame, n'en étant pas connue, et encore
moins si je l'étais...

LA MARÉCHALE.

Cette voix...

MARION, levant les yeux.

Ah, mon Dieu! ces traits... ces regards... je
ne me trompe pas... Marie Mignot! (Riant.)
Ah! ah!

LA MARÉCHALE.

Marion!

LAGARDIE.

Marion Delorme!

MARION.

Juste! excusez-moi, c'est un retour de
gaîté; j'en ai si rarement!

AIR: Faut l'oublier.

En vous voyant je me rappelle
Mon opulence et mes beaux jours;
Combien de plaisirs et d'amours!...
En ce temps-là que j'étais belle!
Je pouvais rire et folâtrer;
Mais quand le bonheur se retire,
Qu'il m'est défendu d'espérer,

Je n'ai ni la force d'en rire,
Ni la faiblesse d'en pleurer.

Qu'il y a long-temps que je ne vous ai vue!
Depuis certaine fête du maréchal de l'Hôpital
où vous avez si bien mystifié ce pauvre jeune
homme, vous savez... Ah! ah! ah!...

LAGARDIE, à part.

Peste soit de sa mémoire!

LA MARÉCHALE.

Finissez, Marion!... Que voulez-vous?

MARION.

Ce que je veux!... Eh! ne le voyez-vous
pas?... J'ai mangé ma fortune à courir le
monde; j'ai vu les Anglais, les Allemands...
et je n'ai toujours aimé que mes Français.
Mais, hélas! mes amis sont partis au fur et à
mesure que mes attraits m'ont quittée. A présent, il ne me reste plus personne... Aussi,
sans les secours de mademoiselle Ninon...
Dame! celle-là, elle ne dissipe pas tout... elle
est sage!

LAGARDIE, à part.

Quelle sagesse!

LA MARÉCHALE.

Osez-vous citer Ninon devant cette jeune
fille!

MARION.

Pourquoi pas?... C'est ma bienfaitrice; et si
elle était plus riche, je n'aurais pas besoin de
m'adresser à d'autres... Madame de Maintenon
ne m'aurait pas refusé dernièrement...

MARIE.

Madame de Maintenon, qui est si charitable!

MARION.

Oui, quand ça fait de l'éclat!.. Elle me pro-
posait d'entrer au couvent.

LA MARÉCHALE.

Eh bien?

MARION.

Moi?... Allons donc!... mademoiselle de la
Vallière est aux Carmélites; elle s'y trouve
heureuse, et madame de Montespan va souvent se consoler avec elle... c'est bien... qu'elles y restent!... C'est bon cela pour les grandes
dames qui ont perdu l'amour d'un roi... mais
moi, je n'ai jamais été plus haut que les al-
tesses!

SCÈNE VII.

GASTON, LAGARDIE, LA MARÉCHALE,
MIGNOT, MARION, MARIE.

GASTON, sortant de la chapelle.

Sa majesté va sortir de la chapelle.

MIGNOT, qui entre avec lui.

Le déjeuner de sa majesté!

LA MARÉCHALE, à Lagardie.

Monsieur l'ambassadeur m'excusera...

(Elle lui fait une révérence, et donne la main à Mignot.)

GASTON, bas à Lagardie.

Monsieur, avez-vous parlé pour nous?... cela presse.

LAGARDIE, le retenant.

Pardon, madame... Mignot, me reconnaissez-vous?... un ancien ami... Lagardie?...

LA MARÉCHALE.

Monsieur le feld-maréchal comte de Lagardie.

MARION.

Lagardie!... Pas possible!... Ce monsieur si beau, si bien doré?... Comme l'autre! (Riant.) Ah! mon Dieu! que le monde est drôle!

MIGNOT.

Comment, ce serait toi!... votre excellence!

LAGARDIE, à Mignot.

Vous m'aimez encore, vous, n'est-il pas vrai?... Eh bien! vous avez une fille, confiez-moi le soin de son bonheur, je lui donne un époux!

LA MARÉCHALE, à part.

Il l'épouserait!

MARION.

Encore un mariage!... Ces gens-là ne se corrigeront pas!

LAGARDIE.

Je connais celui qu'elle aime... j'ai juré de le protéger. (Présentant Gaston.) Le voici.

LA MARÉCHALE.

Un simple secrétaire!

MARION.

Qu'est-ce qu'il lui faut donc? (A part.) La fille d'un cuisinier!...

LAGARDIE.

Mignot!...

LA MARÉCHALE.

C'est impossible.

LAGARDIE.

N'êtes-vous pas le maître de votre fille?

MIGNOT.

Sans doute, je commande à ma fille; mais le roi me commande, et ma nièce commande au roi... ainsi, adressez-vous à elle.

GASTON.

Madame...

MARIE.

Ma cousine...

MARION.

Allons, père Mignot, allons, montrez-vous une bonne fois!... Oh! madame, quand vous devriez me faire chasser, il faut que je parle...*! C'est être aussi par trop dure... Cette pauvre petite, qui a eu pitié de moi!... C'est sage, c'est honnête, ça n'a qu'un amant, et encore on ne veut pas le lui laisser!... (A Mignot.) Il vous faut peut-être un grand seigneur pour gendre?... Elle sera bien plus heureuse, et vous aussi!... Eh! songez au temps où vous étiez traiteur, et nous deux blanchisseuses

* La Maréchale, Marion, Marie.

Nous n'avions rien... C'était là le bon temps!... Si alors on vous eût offert un homme de plume, un secrétaire de bonne maison, hein! quelle joie! quel bonheur!... Eh bien! figurez-vous que vous y voilà revenu... Donnez-lui votre fille, soyez le maître, ou vous n'êtes qu'un cuisinier dégénéré!

MIGNOT, entraîné.

Au fait, elle a raison, la vieille Marion Delorme... Qu'est-ce que c'est donc que ça, ma nièce?... Je me révolte à la fin!... C'est pour vous obliger que j'ai renoncé à l'office; vous m'avez pendu au cou une chaîne dorée... (A Marion, qui le pousse.) Laissez donc, j'irai bien*! Vous avez presque fait de moi un gentilhomme... Je ne suis plus bon à rien... La nature pâtit... je ne vous demandais que de faire un sort à ma fille; mais s'il faut lui en faire un moi-même, je ne suis pas tout-à-fait rouillé: il se trouvera d'anciennes connaissances, des vétérans de la gourmandise, qui n'auront pas oublié mon nom et mes sauces!

LA MARÉCHALE, lui lançant un regard expressif.

Et qu'est-ce que vous ferez?

MIGNOT, intimidé.

Moi, madame la maréchale? je ferai... je ne ferai rien, assurément. (A part.) Oh! si elle me regarde en face...

MARION, bas.

Quoi! vous cédez?

LA MARÉCHALE.

Silence, mon oncle. Comme premier officier du roi, c'est à vous de faire justice d'un de ses gens qui a pu s'oublier à ce point.

MIGNOT.

Comment, tu veux...? (Elle le regarde.) C'est juste. Allons, mon ami, il faut s'en aller, mon garçon... sans rancune.

LA MARÉCHALE.

Ce ton!... Est-ce là la dignité de votre charge?

MIGNOT, avec dignité.

Retirez-vous, monsieur, et ne reparaissez jamais ici... (A part.) Diable de dignité, je l'oublie toujours!

LAGARDIE, retenant Gaston.

Arrêtez**!... j'ai voulu écouter jusqu'au bout... Ainsi, madame, votre ambition est insatiable, et vous aurez fait le malheur de tous ceux qui ont mis leur sort dans vos mains. Ah! Marie, vous, tendre et généreuse, quand nous commencions à nous aimer!... Rappelez-vous ce que nous éprouvions alors, nos plaisirs purs, nos vœux modestes, nos projets de bonheur, vous les avez détruits pour nous. Êtes-vous heureuse? Oh! non; j'en juge par moi, que vous avez forcé à m'élever, et qui regrette le-

* La Maréchale, Mignot, Marion.
** La Maréchale, Lagardie, etc.

beaux jours que ces enfants vous demandent. Cédez, laissez-vous fléchir.

MIGNOT.

Madame ma nièce...

UN VALET, à Lagardie.

Monsieur le comte...

LAGARDIE.

Ah! pardon, c'est un de mes gens...

MARION, à part.

Encore un qui a des gens!... Ils en ont tous, et je n'en ai plus.

LE VALET.

Un courrier arrive à l'instant de l'ambassade, chargé de dépêches très pressées pour votre excellence.

LA MARÉCHALE, avec entraînement.

Des dépêches!... Ah! monsieur le comte, hâtez-vous, c'est pour ma couronne!

(Elle s'arrête avec embarras.)

TOUS.

Sa couronne!

LAGARDIE.

Adieu, madame, je reviendrai sans doute vous annoncer le bonheur, comme vous l'entendez; mais il faudra que j'obtienne celui de ces enfants.

LA MARÉCHALE, à demi-voix.

AIR de la valse de Robin des bois.

Courez, hâtez-vous, je l'ordonne,
Monsieur, et ne négligez rien;
Des intérêts d'une couronne
Vous répondez, songez-y bien.

MARION.

Du besoin sa grandeur soudaine
Me délivre... c'est assuré;
Car si je la vois passer reine,
Je rirai tant, que j'en mourrai!

MIGNOT, MARIE, GASTON, MARION.

Tout ceci me confond, m'étonne...
Cet air, cet auguste maintien!...
On croirait la voir sur un trône...
D'honneur! je n'y comprends plus rien!

LAGARDIE.

Il faut céder, puisqu'elle ordonne...
Pauvres enfants, je n'y puis rien!
Leur bonheur, devant sa couronne,
Disparaîtra comme le mien.

LA MARÉCHALE.

Courez, hâtez-vous, je l'ordonne, etc.

SCÈNE VIII.

LA MARÉCHALE, puis CASIMIR.

LA MARÉCHALE, seule.

Enfin, je touche au trône!... Il ne faut plus qu'un pas; et vouloir que j'accorde ma cousine... jamais!

UN HUISSIER, annonçant.

Le roi!...

(Casimir revient de la chapelle, précédé de ses pages, et suivi de ses officiers et de quelques gardes.—Les officiers sortent par la galerie. — Deux pages restent à la porte du fond, et les gardes au dehors.)

CASIMIR.

Grace au ciel! je vais donc déjeuner tranquille!

LA MARÉCHALE, à l'huissier.

La voiture de sa majesté et la mienne, à l'instant même.

(L'huissier, après avoir reçu cet ordre, s'incline et sort par la galerie.)

CASIMIR.

Nos voitures!... et pourquoi donc, madame?

LA MARÉCHALE.

Il faut nous rendre à Versailles... Votre majesté est attendue dans le cabinet du roi de France, et moi chez madame de Maintenon. Le roi vous amènera auprès d'elle; elle me présentera comme votre épouse; les portes s'ouvriront, et, en présence de tous les courtisans, nous serons salués roi et reine de Pologne... c'est ainsi que le cérémonial a été réglé entre la marquise et moi.

CASIMIR.

Le cérémonial!... Je vous remercie de l'attention que vous avez de m'en prévenir.

LA MARÉCHALE.

Votre majesté ne savait-elle pas déjà, par l'ambassadeur de Suède...?

CASIMIR.

Oui, oui... je ne m'étais pas trompé... des folies!...

LA MARÉCHALE.

Comment?

CASIMIR.

Oh! rien ne presse...excepté le déjeuner, qui refroidit.

LA MARÉCHALE.

AIR: Un homme pour faire un tableau.

Ah! pouvez-vous parler ainsi!

CASIMIR.

Eh, mais! quelle erreur est la vôtre!
Je puis prétendre, Dieu merci,
A déjeuner tout comme un autre;
Oui, c'est un droit qu'on ne peut attaquer;
Et ce droit-là... dussé-je vous surprendre,
Est, si j'avais pu l'abdiquer,
Le seul que je voudrais reprendre.

LA MARÉCHALE.

Quoi! il serait possible!... Votre majesté hésiterait à remonter sur le trône?

CASIMIR.

Du tout; je n'hésite pas... je refuse.

LA MARÉCHALE.

Vous refusez?

CASIMIR.

Bien résolument.

LA MARÉCHALE, à part.

Quel égoïsme! ne pas vouloir être roi!...

CASIMIR, s'asseyant.

Pour calmer vos scrupules, je vous ai signé une promesse...

LA MARÉCHALE.

Oui, sire, vous m'avez promis...

CASIMIR.

D'être votre mari, mais non pas de vous faire reine.

LA MARÉCHALE, penchée sur le fauteuil du roi.

Ah! croyez-vous que mon intérêt!... Non... (D'un air caressant.) Vous savez bien que je vous aime, que je n'aime que vous...

CASIMIR.

Oui, ma chère maréchale, je connais votre bon cœur; je me rappelle votre ancien dévouement, lorsqu'on me retenait à Vincennes, et que vous étiez... Depuis, vous êtes montée, moi je suis descendu... nous voilà de niveau, restons comme nous sommes... Oh! vous ne me quitterez pas?...

LA MARÉCHALE, d'un ton très séduisant.

Pouvez-vous le penser?... mais du moment que nous avons été engagés l'un à l'autre, votre gloire est devenue la mienne, et je dois vous forcer à être grand malgré vous-même; oui, malgré vous, sire...Ma tendresse va jusque-là...

CASIMIR.

Ah! madame, je vous en prie, ayez-en moins.

AIR d'Aristippe.

Non, c'en est fait, je me résigne,
Je ne veux plus de la grandeur!
Si quelque autre s'en trouve digne,
Il peut y chercher le bonheur...
Mais si je cédais... par malheur!
Si j'allais sous une couronne
Mettre mon repos en péril,
Je remonterais sur le trône
Comme l'on retourne en exil.

Et qu'est-ce que je ferais d'un gouvernement, puisque, sans vous, je ne saurais pas même gouverner ma maison?

LA MARÉCHALE.

N'est-ce que cela qui vous effraie?... Les soins, les embarras des affaires?... N'aurez-vous pas une amie pour les partager avec vous?

CASIMIR, se levant, et passant devant elle.

C'est ça, vous ferez la guerre aux Turcs?

LA MARÉCHALE.

S'il le fallait, sire; plus d'une reine...

CASIMIR.

Doucement, doucement, soyez moins belliqueuse... Laissons toutes ces chimères, et...

(Il va pour sortir.)

LA MARÉCHALE.

A merveille, sire! vous ne me jugez digne que de tenir votre ménage.

CASIMIR.

Eh bien! oui, c'est ce que j'espérais... Et tenez, cette suite, ces huissiers, ces gardes... tous ces restes mesquins de la royauté, je pensais à m'en débarrasser pour vivre en France, à Paris, comme un riche gentilhomme, voilà tout. Ce sort bien simple, mais bien heureux si vous le partagiez...

LA MARÉCHALE.

Ah! quelles idées bourgeoises pour un monarque!...

CASIMIR.

Mais quand ce monarque n'est plus qu'un bourgeois...

LA MARÉCHALE.

Détrompez-vous. Si vous êtes assez faible pour résister à la Providence, qui vous appelle, ne comptez plus sur moi, ni comme amie, ni comme épouse. Je sors de votre palais, je vous laisse seul.

CASIMIR.

Par exemple! a-t-on jamais vu!... si brusquement!... On donne au moins aux gens le temps de se reconnaître.

LA MARÉCHALE, après un mouvement de joie.

Le roi de France vous attend, sire; il lui faut une réponse. Dans un quart-d'heure, votre voiture doit être sur la route de Versailles, ou je me décide...

CASIMIR.

Madame, madame, je n'aurais jamais cru cela de vous. Encore des tracas! de nouvelles habitudes à me faire! à mon âge!... Il faut que ma maison me donne autant de peine que mon royaume. (Elle lui prend la main ; il se dégage.) Ah! mes moines me disaient bien que je ne serais heureux que dans mon abbaye de Saint-Germain-des-Prés.

LA MARÉCHALE, avec douceur.

Vous, sire, vous irez à Versailles.

CASIMIR.

C'est bien... Je rentre chez moi, mon directeur m'attend. Vous aurez une réponse, puisqu'il le faut absolument. Là! j'avais tant d'appétit!... et c'est passé!... Maudite grandeur, tu ne m'as jamais fait que du mal!... Adieu, madame. (Il remonte la scène, se retourne et lui tend la main avec émotion.) Adieu, Marie.

(Elle lui baise la main.—Casimir sort par la porte à gauche, précédé de ses pages et suivi des gardes.

SCÈNE IX.

LA MARÉCHALE, puis LAGARDIE.

LA MARÉCHALE, seule.

Que va-t-il faire?... sur quoi dois-je comp-

ter?... Il parle de son directeur, de l'abbaye...
S'il m'échappait!... Ah! je n'aurais pas dû li-
vrer mon secret à Lagardie... il a un nom, des
titres, il m'aime, et...

LAGARDIE, accourant par la galerie.

Ah! madame, c'est vous que je retrouve!...
Si vous saviez... Ah! je ne me contiens pas de
joie!

LA MARÉCHALE.

Eh bien! ces dépêches?...

LAGARDIE.

Elles n'intéressaient que moi. Apprenez tout
mon bonheur!...

LA MARÉCHALE, souriant, et l'observant.

Ah! ce n'est plus de votre amour que vous
venez me parler?

LAGARDIE.

Eh! que vous importe?... Vous n'êtes plus
libre, vous serez reine.

LA MARÉCHALE, de même.

Sans doute; mais supposons... Oh! quelque
chose de bizarre, d'impossible!... Supposons
que ma main pût encore être à vous... qu'elle
vous fût offerte... que répondriez-vous?... Parlez avec franchise.

LAGARDIE.

Je répondrais... Oh! ce n'est qu'une suppo-
sition... Je répondrais : « Marie, dans les pre-
miers temps de nos amours, je t'aurais préférée
à une conseillère, à une maréchale, à une reine!... et toi, tu m'as trahi trois fois!... trois fois
tu as fait mon malheur!... Aujourd'hui même,
quand mon cœur venait s'épancher dans le
tien, tu ne m'as parlé que de ton ambition, de
tes espérances, d'où j'étais encore exclu...
Maintenant, tu reviens à moi parceque j'ai un
titre, des honneurs...

LA MARÉCHALE.

Monsieur!...

LAGARDIE.

Pardon, nous supposons toujours. « Eh bien!
une princesse m'a préféré à tous les gentils-
hommes qui l'environnaient, aux princes qui
la demandaient... Elle n'a pu supporter mon
absence; à mon tour, je refuse ta main, qui
m'est offerte, et je porte mon cœur à celle qui
n'a pu ni me trahir ni m'oublier!... » Voilà ce
que je vous dirais si... Mais bon! nous n'en
sommes pas là. Nous serons heureux, chacun
de notre côté; et j'espère que nous ne regret-
terons plus de n'avoir pas commencé plutôt
ensemble.

LA MARÉCHALE, avec contrainte.

Certainement, et je le vois... Vous ne restez
pas en France, on vous rappelle?

LAGARDIE.

Lisez, madame. (Il lui remet une lettre.) Nous
arrivons au même but : vous, en lui sacrifiant
tout, et moi, sans y penser... Vaincu par les
prières de la comtesse, le roi me rappelle pour
me la donner en mariage.

LA MARÉCHALE.

Avec la vice-royauté de Livonie. Vous allez
être vice-roi... (A part.) Ah! si je n'étais pas
reine!...

LAGARDIE.

Ciel! qu'avez-vous?... D'où vient ce trouble?

(On entend le bruit d'une voiture.)

LA MARÉCHALE.

Écoutez!... nos voitures... elles arrivent...
il va partir pour Versailles!

SCÈNE X.

LAGARDIE, LA MARÉCHALE, MARION,
MIGNOT, GASTON, MARIE, VALETS.

(Ils entrent par la gauche.)

MARION, en entrant.

A Saint-Germain-des-Prés!... à Saint-Germain!... ah! ah! ah!

LA MARÉCHALE.

Téméraire!...

MARION, à part.

Toujours des grands airs!... ça ne lui va
plus!... (Haut.) On vous croyait reine... mais
tu ne l'es pas... Casimir vient d'annoncer qu'il
s'enfermait dans son abbaye de Saint-Germain-
des-Prés.

LAGARDIE.

Que dit-elle?

LA MARÉCHALE.

Impossible!

MIGNOT, entrant.

Il m'emmènera avec lui... ce cher prince! ce
vertueux prince!... Je serai son maître-d'hôtel!
dans une abbaye! Des dîners de chanoines,
c'est encore agréable!

LAGARDIE, à part.

Ah! je comprends.

LA MARÉCHALE, de même.

Grand dieu! je me soutiens à peine.

MARION.

Gare les chansons!... Non pas contre ce
cher roi, il est si bon!... Je viens de lui parler.
Il sort du monde comme il y a vécu, en prince
généreux... voilà de l'or qu'il m'a donné. Je
brillerai encore un jour!

MARIE.

Et nous, ma cousine, le roi nous a unis,
Consentirez-vous...? (A Gaston.) Elle ne dit
rien.

(Elle descend à la gauche de Mignot.)

GASTON.

J'aime mieux ça.

(Il passe à la droite de Lagardie.)

LAGARDIE.

Ah! madame, si j'avais su que des chagrins...

LA MARÉCHALE.

Des chagrins... et pourquoi, monsieur?... Je savais tout, j'approuvais tout... Et quant aux plaisanteries de la cour et de la ville...

UN VALET, en dehors.

La voiture du roi*.

LA MARÉCHALE, s'avançant dans le fond.

Il est temps encore...

LE VALET, en dehors.

A Saint-Germain-des-Prés !

* Après ces mots : *la voiture du roi*, l'orchestre reprend l'air du *Muletier* jusqu'à la fin de la pièce.

LA MARÉCHALE.

A Saint-Germain !... Le lâche !

(Elle jette un regard sur Lagardie.)

LE VALET, entrant.

La voiture de madame la maréchale !

LAGARDIE, tendant la main à Gaston.

Mon ami, vous me suivrez en Suède.

LA MARÉCHALE, avec émotion.

Ah !

LE VALET.

Où madame veut-elle qu'on la conduise?

LA MARÉCHALE, avec contrainte et fermeté.

Aux Carmélites !

FIN DE MARIE MIGNOT.

PARIS. — IMPRIMERIE NORMALE DE JULES DIDOT L'AÎNÉ,
nº 4, boulevart d'Enfer.